Una serie de más de 45 actividades que te ayudarán a descubrir como te relacionas con ¡TU PAREJA!

¡AMA Y PERMITE AMAR......SIN VIOLENCIA!

Cuadernillo de Trabajo.
Parte 1

¡EQUIVALEN A MÁS DE 10 SESIONES DE TERAPIA PSICOLÓGICA!
Psic. María García R.

La violencia ha sido y sigue siendo una de las manifestaciones más claras de la falta de valores y relaciones de desigualdad, subordinación y de poder.

Por nuestra cultura patriarcal, se da mayormente, la subordinación de las mujeres hacia los hombres y se llama violencia de Género. Este tipo de violencia se basa y se ejerce por la diferencia subjetiva entre los sexos. En pocas palabras, las mujeres sufren violencia por el mero hecho de ser mujeres, y las víctimas son mujeres de cualquier estrato social, nivel educativo, cultural o económico.

Actualmente nuestra sociedad está acostumbrada a vivir demasiada violencia y pagar un costo alto por ella, toda vez que tiende a reproducirse a través de patrones familiares y sociales.

No es gratis que la violencia esté en todas partes cada vez más: En La Familia, Escuela, Calles, Trabajo, Instituciones, Canciones, Medios De Comunicación, Películas, Series, Narco Series, Video Juegos, etc., porque además hay un público enorme que la compra, la consume y de manera inconsciente la normaliza en su vida cotidiana.

Cuando eres padre o madre de familia, los patrones comportamentales de violencia, interactúan con todos los miembros de la familia y genera gran dolor y confusión en la diada amor-odio. ***De ahí surgen las relaciones dolorosas.***

Por ello, te agradezco que hayas adquirido este cuadernillo, Parte 1; pues significa que ya estás consciente de que ejerces o ejercen violencia en tu vida y no estás de acuerdo en seguirla viviendo.

¿Y porque este trabajo personal, se divide en tres partes?

Porque incluye una serie de actividades que están contempladas para que las realices, como si estuvieras acudiendo a terapia psicológica, dos veces por semana, alrededor de 45 minutos por sesión. Así que lleva a cabo los ejercicios que puedas en ese lapso de tiempo y antes de concluir el tiempo estimado de la sesión, lleva a cabo ejercicios de relajación que están en el Capítulo cinco.

El tiempo sugerido para completar esta serie de actividades es correspondiente a un mes y medio, tomando en consideración, que realices las actividades dos veces por semana ininterrumpida. Por lo que te sugiero ese tiempo para completar e inmediatamente continuar con tu trabajo interno en el cuadernillo dos y tres, que posteriormente adquieras, pues la continuidad a tu fortalecimiento.

En el cuadernillo de trabajo Parte Dos, encontrarás los otros componentes de la autoestima; la importancia de las emociones en nuestras vidas y la Comunicación asertiva como parte fundamental en las Relaciones Amorosas.

En el Cuadernillo de Trabajo Parte Tres, descubrirás el verdadero amor por ti y estarás preparado o preparada para darlo en grandes cantidades a las personas que te rodean. También elevarás tu autoestima y ya no permitirás la violencia JAMÁS EN TU VIDA.

Si no has tenido ningún acercamiento a las terapias psicológicas, te resultará un poco difícil, pero créeme, es una gran oportunidad para que muevas los hilos de tu camino y persona. NO TE ARREPENTIRÁS.

Muy seguramente, querrás saltarte actividades que te puedan lastimar y/o elaborar las que te parezcan más fáciles o agradables. Tal vez, te desesperes y digas que esto no sirve. También es natural, pues es el encuentro contigo mismo/a y en un principio no es fácil, ya que a partir de ahí, aprendes a responsabilizarte de tu vida y dejar de culpar a los demás.

Suele ocurrir que cuando los pacientes acuden a terapia psicológica, quieren sentirse bien desde la primera cita y ya quieren pensar mejor y lo más FANTASIOSO: Que su pareja haga lo que el que acude a terapia, desea.

Si piensas así: ¡Estás en un grave error!!

Llegan al consultorio y me dicen: ¡Es que yo sería feliz, si el otro/a cambiara! ¡Si ella/él no me hiciera enojar!, ¡Si se portara bien!, Etc. Así no se producen los cambios. ¡TIENES QUE EMPEZAR POR TI!

Este trabajo interno para ti, requiere de tiempo, que tengas paciencia contigo mismo/a, pues ¿Cuántos años de tu vida has pensado, creído y sentido como hasta ahorita?, Muchos o toda tu vida. El cambio de hábitos y pensamientos, requiere tiempo, paciencia y toda la disposición al cambio.

¿Cuántas veces hemos escuchado? ¿Es que fulanito o fulanita tienen la auto estima baja, por eso no se valoran o permiten la violencia en sus vidas?

Pues sí, es verdad, porque uno de los componentes de la Autoestima es el Autorrespeto, y si te RESPETAS o RESPETAS a alguien: JAMÁS VAS A PERMITIR LA VIOLENCIA en ninguna de sus formas.

El auto conocimiento es profundo, saber porque piensas y sientes así. Es explorar tu origen y ello tiene que ver con tu ascendencia, con tus patrones aprendidos desde niña o niño; así como de tus influencias sociales en los que te desarrollaste. Es por ello, que en esta primera parte solo incluyo los dos primeros componentes de la Autoestima: Autoconocimiento y Autoconcepto.

Lo extraordinario de concluir esta labor subjetiva, es que aprenderás a CONOCERTE A PROFUNDIDAD, PARA QUE JAMÁS PERMITAS EL MALTRATO EN TU VIDA, NI POR TI, ¡¡¡NI POR NADIE MÁS!!!

LO PRIMERO, ES: Personalizar tu cuadernillo, con tu nombre y adquirir un compromiso CONTIGO MISMO/A.

YO____   Y   ME
COMPROMETO A REALIZAR TODAS Y CADA UNA DE LAS ACTIVIDADES.

Te voy a pedir de la manera más atenta, que descargues éste material, y te compres un cuaderno especialmente para esta labor, ya que vas a tener que escribir mucho y tal vez los espacios que aquí se muestran en blanco, serán insuficientes. Pero es menester, que TODAS LAS ACTIVIDADES, LAS REALICES, pues si no las llevas a cabo, muy difícilmente te ayudarán a cambiar patrones comportamentales que hasta la actualidad, te están causando daño.

Tal vez, algunos ejercicios, te parezcan sin relación a ti, sin embargo, te pido, no te saltes ninguno, pues al término, comprenderás la importancia de todos ellos.

Primeramente te voy a solicitar que contestes a éstas preguntas de la manera más honesta y leal contigo:

¿Cuántos años llevas de tu vida, preguntándote en los por qué te pasa esto, o aquella situación?
____

¿Cuántas relaciones amorosas, han sido dolorosas?
____

¿Cuántas veces has permitido el maltrato?, ¿Por quién y quiénes?
____

¿Cuántas veces has maltratado? ¿A quién y a quiénes?
____

Pues con este compendio lleno de ejercicios trascendentales, te darás cuenta de todo lo que está sucediendo dentro de ti, que tiene repercusiones en TU exterior.

Sabrás en que parte de tu historia aceptaste la violencia y el maltrato en tu vida, y no es para que empieces a culpar a tus ancestros o a los otros, sino, para que recojas todas tus fortalezas y herramientas posibles, para rescatarte de los sistemas de pensamientos y creencias que te han lastimado, hasta el momento y empieces a responsabilizarte de lo que te sucede. RESPONSABILIDAD es RESPONDER y MOVERSE ante la vida.

RECUERDA: LA CULPA ESTANCA Y SE REMONTA AL PASADO. LA RESPONSABILIDAD MUEVE Y SE SITÚA EN EL PRESENTE.

Vas a conocer los sistemas de creencias y conductas que traes programados en tu inconsciente, desde tus primeros años de vida.

A medida que vayas avanzando en tus actividades, te recomiendo que hagas una pausa, veas a tu alrededor, lo que has construido, para bien o para mal. Observa a las personas que te rodean, lo que te agrada y lo que no.

Si estás ubicado o ubicada en tu papel de víctima, déjame te digo que esa posición no te conviene, pues en la medida que culpes y responsabilices a los demás de lo que te ocurre, JAMÁS SERÁS DUEÑO(A) DE TU VIDA.

Recuerda que hay distintas realidades en esta vida, enfoques diversos que pueden no coincidir con tu manera de ser o pensar, por lo que antes de iniciar otra relación sentimental, antes de decir que sí a esa persona y antes de adquirir un compromiso con alguien más; deseo que te evalúes a ti mismo (a), para identificar ¿Quién soy?, ¿Qué cualidades, habilidades, defectos y necesidades tengo?, ¿Soy una persona tóxica?, porque si lo soy, muy probablemente elegiré a una igual ¿Soy una persona violenta?, entonces elegiré a una persona sumisa o a una igual de violenta que yo, pero jamás a una pareja asertiva.

Muy seguramente habrá cientos de escritos, sobre la superación personal y la receta mágica para tener la pareja perfecta, si ya leíste algunos y las sugerencias has llevado a cabo con éxito, sin lastimarte, ni lastimar a los demás, vas por buen camino.

Todo eso y más, lo vas a descubrir con esta serie de ejercicios, previamente estructurados y diseñados para que tú seas una mejor persona, asertiva, positiva y que elijas a un compañero o compañera igual de certera que tú.

Vas a seleccionar a una mejor persona; pero principalmente: ¡A QUE TU SEAS MEJOR PERSONA Y QUE ASUMAS LA RESPONSABILIDAD EN LAS RELACIONES!

RECUERDA: Realizar todas las actividades, tal y como aparecen, ya que llevan una continuidad. NO TE SALTES NINGUNA, POR DIFICIL O ABSURDA QUE TE PAREZCA. Todas y cada una, están previamente estructuradas, para darte una respuesta de porque piensas y actúas así actualmente, pero sobre todo:

¡TODAS ESTAN ENCAMINADAS PARA ASUMIR TU RESPONSABILIDAD EN LAS RELACIONES Y NO EJERCER LA VIOLENCIA, NI PERMITIRLA JAMÁS EN TU VIDA!.

También lleva a cabo los ejercicios de relajación corporal al final de cada actividad, para que liberes emociones displacenteras y te sientas mejor.

¡SE PUEDE!

ÍNDICE

1.- ¿Qué es violencia?

La violencia es una relación desigual de poder, es el uso intencional de la fuerza física, psicológica, sexual, patrimonial, económica, laboral, sistemática, estructural y cultural; hacia otra persona, a un grupo, comunidad o hacia uno mismo. Tiene consecuencias graves múltiples a nivel cognitivo, afectivo y conductual de la persona que recibe.

Violencia de Género

Se entiende por violencia de género cualquier acto violento o agresión, basados en una situación de desigualdad en el marco de un sistema de relaciones de dominación de los hombres sobre las mujeres que tenga o pueda tener como consecuencia un daño físico, sexual o psicológico, incluidas las amenazas de tales actos y la coacción o privación arbitraria de la libertad, tanto si ocurren en el ámbito público como en la vida familiar o personal

Las preguntas con las que iniciamos este cuadernillo de trabajo, es fundamental que las respondas con toda **sinceridad posible**, ya que de ahí parte toda la dificultad y el origen de las malas relaciones.

¿Soy violento, Soy violenta? ¿Cómo la ejerzo?

____
____
____
____

¿Permito la violencia en mi vida? ¿De qué manera?

____
____
____

Lo más seguro que te familiarices con las tres preguntas, puedes ser víctima de violencia, o generador (a) de violencia. La violencia puede expresarse de mil formas, de tal forma, que tú seas receptor o receptora y que su a su vez, la ejerzas con quién consideras más vulnerable que tú. Te dejo un ejemplo de la violencia escalonada:

Como verás, asi se reproduce y se normaliza la violencia, ejerciendola a una o a varias personas y éstos a su vez, a más personas, formando una cadena grande de violencia.

Puedes ser receptor de violencia en la modalidad de acoso laboral o sexual por parte de una persona que tenga mayor jerarquía que tu, tantoen lo personal, familiar y social; lo que te puede generar impotencia y frustración, toda vez, que no puedes confrontar a esa persona por temor, pues la consideras con más poder que tu.

Violencia cruzada:

Se da cuando ambas partes son violentos y se ejercen una o varias violencias:

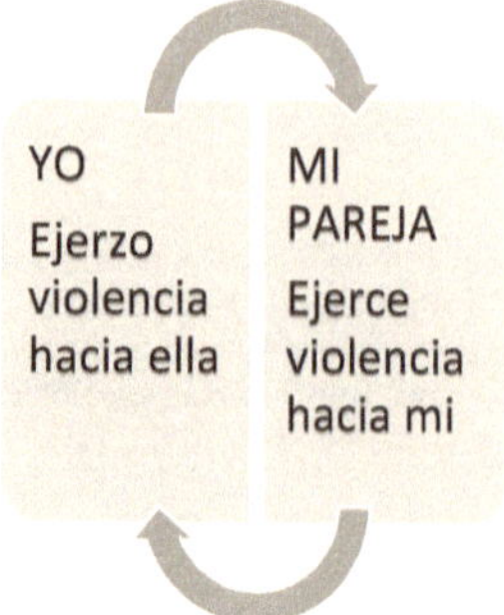

Diferencia entre agresividad y violencia

La agresividad es un instinto natural del hombre y de los animales que llevan consigo desde su nacimiento. Este instinto sirve para estar alerta, defendernos y adaptarnos al entorno. Por lo tanto la agresividad es biológica, instintiva y está regulada por reacciones neuroquímicas. Gracias a la cultura, modulamos ese instinto agresivo y lo convertimos en un instinto social.

A diferencia de la violencia, que **NO** es un comportamiento natural del ser humano, sino que se trata de una construcción sociocultural alimentado por lo roles sociales, los valores, las ideologías, los símbolos, etc.

La violencia es, por tanto, una conducta aprendida y con una gran carga de premeditación e intencionalidad (la agresividad, en cambio, es inconsciente).

2.- La violencia en la pareja y los tipos de violencia

La violencia se puede manifestar de diferentes maneras, lo importante es aprender a identificar los incidentes esporádicos de mal humor o irritación de las conductas francamente violentas y controladoras.

Veamos los tipos de violencia que existen en la dinámica de pareja:

<u>**Violencia emocional o psicológica activa**</u>: Es una forma de maltrato que se manifiesta con gritos, insultos, desprecio, burlas, desaprobación, limitación de contactos sociales, invasión de espacios emocionales, discriminación, bromas hirientes, amenazas, prohibiciones, intimidación, humillaciones, descalificaciones, chantajes, manipulación, control, cosificación y coacción. Con estas conductas, el agresor pretende controlar al otro(a), provocándole sentimientos de devaluación, inseguridad, minusvalía, dependencia y baja autoestima.

<u>**Violencia emocional o psicológica pasiva**</u>: Es una forma de maltrato muy sutil, de manera que es invisible a los ojos de los demás: Desconfirmación, Ausencia afectiva, Ser ignorado (a), abandono, desamor, ser invisible a los ojos del otro(a), nula comunicación, indiferencia, mutismo y apatía.

Éstas formas de violencia es más difícil de detectar que la violencia física, pero puede llegar a ser muy perjudicial porque además de que es progresiva, en ocasiones logra causar daños irreversibles en la personalidad.

Las actividades que te propongo realices, es el conteo de las violencias que permites en tu relación sentimental, tanto ejercidas, como recibidas.

Al termino de cada actividad, cuenta todos los **SI** y todos los **NO** acumulados.

Actividad 01: Identifica que acciones de violencia psicológica activa y pasiva, que ejerces hacia tu pareja:

Instrucciones: delante de la acción escribe un SI o NO. acciones de violencia psicológica ejerces hacia tu pareja:

Tipo de violencia psicológica activa y pasiva	Si	No
Gritos:		
Insultos:		
Bromas hirientes:		
Amenazas:		
Prohibiciones:		
Intimidación:		
Indiferencia:		
Abandono:		
Humillaciones:		
Descalificaciones:		
Chantajes:		

Manipulación:		
Control:		
Cosificación:		
Coacción:		
Desamor:		
Etc.		
TOTAL:		

<u>Actividad   02: Identifica que acciones de violencia psicológica activa y pasiva, ejercen SOBRE TI:</u>

Instrucciones: delante de la acción escribe un SI o NO. acciones de violencia psicológica que ejercen hacia tu persona.

Tipo de violencia psicológica activa y pasiva :	Si	No
Gritos:		
Insultos		
Bromas hirientes:		
Amenazas:		
Prohibiciones:		
Intimidación:		
Indiferencia:		
Abandono:		
Humillaciones:		
Descalificaciones:		
Chantajes:		
Manipulación:		
Control:		
Cosificación:		
Coacción:		
Desamor:		
Etc.		
TOTAL:		

Resultado: Entre mas SI, acumulaste, mayor es la violencia que hay en tu relación.

*Recuerda: **"La violencia psico emocional, no deja secuelas físicas como otras, pero daña en lo más profundo de su interior, que de igual forma, daña"***

"Desde el primer acto de violencia psicológica ejercido hacia otra persona o hacia ti, debes tomar un proceso terapéutico, para elevar tu AUTO RESPETO y AMOR PROPIO, ASÍ COMO PONER LÍMITES Y HABLAR DE LO QUE NO TE AGRADA Y LASTIMA"

<u>Violencia física activa:</u> Implica el uso de la fuerza para dañar al otro con todo tipo de acciones como: empujones, jaloneos, pellizcos, rasguños, golpes, bofetadas, puñetazos, patadas, torceduras, aplicación de llaves y lesiones internas al cuerpo, mordeduras, jalones de cabellos, coscorrones, apretones, etc.

El agresor puede utilizar su propio cuerpo o utilizar algún otro objeto, arma o sustancias, para lograr sus propósitos. Esta forma de maltrato ocurre con menor frecuencia que la violencia psicológica, pero es mucho más visible y notoria. El agresor de manera intencional y recurrente, busca controlar, sujetar, inmovilizar y causar daño en la corporalidad de la persona. También se da mucho que haya presión corporal y maltrato físico excusándose de qué son "juegos".

Violencia física pasiva: Está relacionada con aquellas circunstancias en que el organismo de la víctima se encuentre en riesgo: negación del alimento, de atención médica; insuficiencia en el vestido y negación de la vivienda.

Actividad 03: Identifica que acciones de violencia psicológica física activa y pasiva, ejerces hacia tu pareja:

Instrucciones: Delante de la acción escribe un SI o NO. acciones de violencia física que ejerces hacia tu pareja:

Tipo de Violencia Física	SI	NO
Empujones:		
Jaloneos:		
Pellizcos:		
Rasguños:		
Golpes en el cuerpo:		
Puñetazos:		
Bofetadas:		
Patadas		
Torceduras:		
Aplicación de llaves:		
Generar lesiones al cuerpo, a través de sujeción corporal:		
Mordeduras:		
Jalones de cabellos:		
Utilización de algún otro objeto, para lastimar el cuerpo		
Apretones:		
Negación del alimento y de atención médica		
Insuficiencia en el vestido y negación de la vivienda		
Etc.		
TOTAL:		

<u>Actividad 04: Identifica que acciones de violencia psicológica física, ejercen hacia tu persona:</u>

Instrucciones: delante de la acción escribe un SI o NO. acciones de violencia fisica que ejercen hacia ti:

Tipo de Violencia Fisica	SI	NO
Empujones:		
Jaloneos:		
Pellizcos:		
Rasguños:		
Golpes en el cuerpo:		
Puñetazos:		
Bofetadas:		
Patadas:		
Torceduras:		
Aplicación de llaves:		
Generar lesiones al cuerpo, a través de sujeción corporal:		
Mordeduras:		
Jalones de cabellos:		
Utilización de algún otro objeto, para lastimar el cuerpo		
Apretones:		
Negación del alimento y de atención médica		
Insuficiencia en el vestido y negación de la vivienda		
Etc.		
TOTAL:		

Recuerda: "Tu cuerpo es tu templo en el que vives, por lo tanto, lo tienes y debes de honrar, nutrir, cuidar y amar"

Ejercicio: Pídele perdón a cada una de las partes de tu cuerpo que has lastimado y criticado; que han lastimado y juzgado, abrázalo y dile que te perdone"

<u>Violencia Sexual:</u> Se refiere en primera instancia, a la invasión de la sexualidad de la otra persona. A la imposición de ideas o valores acerca de la sexualidad, imposición de caricias o actos sexuales, acusación de infidelidad, burla de su sexualidad, revisión corporal de prendas íntimas, menosprecio de la sexualidad, insultos relacionados al sexo, comparación a nivel sexual, negación de necesidades sexo-afectivas, Infidelidad, Celotipia, Violación (penetración sin consentimiento), lenocinio, imposición para tener relaciones sexuales frente a otros, imposición para tener relaciones sexuales con otros. Acciones, chantajes manipulaciones o amenazas para lograr actos o prácticas sexuales no deseadas que generan dolor y la utilización de objetos sexuales sin el consentimiento de la persona, también se consideran formas de abuso sexual que al igual que las demás violencias, buscan el control la manipulación y el dominio del otro(a).

La violencia sexual también implica la alteración al sistema de valores o creencias con respecto de la sexualidad. La imposición de parafilias, también es violencia sexual.

Actividad 05: Identifica que acciones de violencia sexual, ejerces hacia tu pareja:

Instrucciones: delante de la acción escribe un SI o NO. acciones de violencia sexual que ejerces hacia tu pareja:

Tipo de violencia sexual	SI	NO
Imposición de ideas o valores acerca de la sexualidad		
Imposición de ideas o valores acerca de la sexualidad		
Imposición de caricias o actos sexuales		
Acusación de infidelidad		
Burla de su sexualidad		
Revisión corporal de prendas intimas		
Menosprecio de la sexualidad		
Insultos relacionados al sexo		
Comparación a nivel sexual		
Negación de necesidades sexo-afectivas		
Infidelidad		
Celotipia		
Violación (penetración sin consentimiento)		
Lenocinio		
Imposición para tener relaciones sexuales frente a otros		
Imposición para tener relaciones sexuales frente a otros		
Acciones, chantajes, manipulaciones o amenazas para lograr actos o prácticas sexuales no deseadas que generan dolor		
Utilización de objetos sexuales sin el consentimiento de la persona		
Parafilias		
TOTAL:		

Actividad 06: Identifica que acciones de violencia sexual, ejercen hacia tu persona:

Instrucciones: delante de la acción escribe un SI o NO. acciones de violencia sexual que ejercen hacia ti:

Tipo de violencia sexual	SI	NO
Imposición de ideas o valores acerca de la sexualidad		
Imposición de ideas o valores acerca de la sexualidad		
Imposición de caricias o actos sexuales		
Acusación de infidelidad		
Burla de su sexualidad		

Revisión corporal de prendas íntimas		
Menosprecio de la sexualidad		
Insultos relacionados al sexo		
Comparación a nivel sexual		
Negación de necesidades sexo-afectivas		
Infidelidad		
Celotipia		
Violación (penetración sin consentimiento)		
Lenocinio		
Imposición para tener relaciones sexuales frente a otros		
Imposición para tener relaciones sexuales frente a otros		
Acciones, chantajes, manipulaciones o amenazas para lograr actos o prácticas sexuales no deseadas que generan dolor		
Utilización de objetos sexuales sin el consentimiento de la persona		
Parafilias		
TOTAL:		

Recuerda: " Si exiges que él o ella te hagan feliz en lo sexual, estás en un error, la sexualidad es compartida y primero debes estar en armonía tu con tu sexualidad, para que puedas compartirla con otra persona"

"Si te exigen un comportamiento sexual que altera tu forma de pensar, que no te sientas cómoda o que te manipule para llevar a cabo prácticas sexuales, NO DEBES PERMITIRLO"

"Tú eres responsable y dueño/a de tu sexualidad"

Violencia Patrimonial y Económica: Es aquella que como una forma de amedrentar, someter o imponer la voluntad en el otro(a), se usan los recursos económicos o los bienes personales. Es negar el empoderamiento económico, a través de la prohibición de un empleo o del estudio. También si hay destrucción de bienes personales o la postergación de necesidades básicas. Otra forma de violencia económica, es cuando el agresor destruye los bienes personales del otro o dispone de los recursos económicos propios de la persona que está haciendo violentada sólo para su propio beneficio.

Actividad 07: Identifica que acciones de violencia patrimonial y económica, ejerces hacia tu pareja:

Instrucciones: Delante de la acción escribe un SI o NO. acciones de violencia patrimonial y económica, ejerces hacia tu pareja:

Tipo de violencia patrimonial y económica	Si	No
Negar el empoderamiento económico, a través de la prohibición de un		

empleo o del estudio		
Destrucción de bienes personales		
Postergación de necesidades básicas		
Destruye los bienes personales del otro		
Dispone de los recursos económicos propios de la persona que está haciendo violentada sólo para su propio beneficio del agresor(a)		
Si hay hijos, no aportar pensión alimenticia		
Pedir prestado y no pagar		
Dejar endeudado (a) a la victima		
Hacerle escándalos en los empleos, para que lo (la) despidan		
Otros		
TOTAL:		

<u>Actividad 08: Identifica que acciones de violencia patrimonial y económica, ejercen hacia tu persona:</u>

Instrucciones: Delante de la acción escribe un SI o NO, acciones de violencia patrimonial y económica, ejercen hacia ti:

Tipo de violencia patrimonial y económica	Si	No
Negar el empoderamiento económico, a través de la prohibición de un empleo o del estudio.		
Destrucción de bienes personales		
Postergación de necesidades básicas		
Destruye los bienes personales del otro		
Dispone de los recursos económicos propios de la persona que está haciendo violentada sólo para su propio beneficio del agresor(a)		
Si hay hijos, no aportar pensión alimenticia		
Pedir prestado y no pagar		
Dejar endeudado (a) a la victima		
Hacerle escándalos en los empleos, para que lo (la) despidan		
Otros		
TOTAL:		

Recuerda: "El ingreso económico es parte fundamental del inicio del empoderamiento en las personas"

Violencia Contra los Derechos Reproductivos: Se refiere a la imposición o negación de la reproductividad de la víctima. Cuando controlan el uso de métodos anticonceptivos o prohíben usarlos. Prohibición de la interrupción de un embarazo,

inducir la interrupción de un embarazo en contra de su voluntad, imponer la cantidad de hijos y golpear durante el embarazo.

<u>Actividad   09: Identifica que acciones de violencia Reproductiva, ejerces hacia tu pareja</u>:

Instrucciones: Delante de la acción escribe un SI o NO. acciones de violencia patrimonial y económica, ejerces hacia tu pareja:

Tipo de violencia contra los Derechos Reproductivos	Si	No
Cuando controlan el uso de métodos anticonceptivos o prohíben usarlos		
Prohibición de la interrupción de un embarazo.		
Inducir la interrupción de un embarazo en contra de su voluntad		
Golpear durante el embarazo		
TOTAL:		

<u>Actividad   10: Identifica que acciones de violencia Reproductiva, ejercen hacia tu persona</u>:

Instrucciones: Delante de la acción escribe un SI o NO. acciones de violencia patrimonial y económica, ejercen hacia ti:

Tipo de violencia contra los Derechos Reproductivos	Si	No
Cuando controlan el uso de métodos anticonceptivos o prohíben usarlos		
Prohibición de la interrupción de un embarazo.		
Inducir la interrupción de un embarazo en contra de su voluntad		
Golpear durante el embarazo		
TOTAL:		

Recuerda: "Debes ser bien observador, (a) con quien deseas reproducirte"

"Si tu pareja tiene más hijos con alguien más y no se hace responsable de ellos, TAMPOCO SE HARÁ DE LOS TUYOS"

"No tengas hijos con: Personas adictas e irresponsables, pues entonces asumirás la responsabilidad al 100%"

"DEBES RESPETAR AL OTRO(A), CUANDO TE DIGAN QUE NO DESEAN TENER HIJOS, ES DECISION EN CONSENSO Y PARA TODA LA VIDA"

Violencia Feminicida: Corresponde al tipo de violencia extrema que el agresor ejerce hacia su pareja. Los actos se ejecutan intencionados con la finalidad de dañar lo más posible a su pareja, hasta causar la muerte: Estrangulamientos, asfixias, ahorcamientos, apuñalamientos. Utilizar armas de fuego, blancas, instrumentos de tortura, químicos. Causarle quemaduras, fracturas o algún daño en el organismo de manera permanente.

Actividad 11: Identifica que acciones de violencia feminicida, ejerces hacia tu pareja:

Instrucciones: Delante de la acción escribe un SI o NO, acciones de violencia feminicida, ejerces hacia tu pareja:

Tipo de violencia Feminicida	Si	No
Estrangulamientos		
Asfixias		
Ahorcamientos		
Apuñalamientos.		
Utilizar armas de fuego, blancas, instrumentos de tortura o químicos.		
Estar hospitalizada a causa de la violencia		
Causarle quemaduras, fracturas o algún daño en el organismo de manera permanente.		
TOTAL:		

Actividad 12: Identifica que acciones de violencia feminicida, ejercen hacia tu persona:

Instrucciones: Delante de la acción escribe un SI o NO, acciones de violencia feminicida, ejercen hacia ti:

Tipo de violencia Feminicida	Si	No
Estrangulamientos		
Asfixias		
Ahorcamientos		
Apuñalamientos.		
Utilizar armas de fuego, blancas, instrumentos de tortura o químicos.		
Estar hospitalizada a causa de la violencia		
Causarle quemaduras, fracturas o algún daño en el organismo de manera permanente.		
TOTAL:		

"El feminicidio no termina ahí, cuando hay hijos, estos son los que sufren la mayor parte del delito"

Actividad 13: Resultado de las violencias ejercidas:

Anota delante de cada tipo de violencia, la sumatoria total que obtuviste de los ejercicios anteriores, resultado de las violencias que ejerces a tu pareja:

Tipo de violencia	SI	NO
Violencia Psicológica		
Violencia Física		
Violencia Sexual		
Violencia Económica y Patrimonial		
Violencia contra los Derechos Reproductivos		
Violencia Feminicida		

Resultados de las violencias ejercidas de parte de mi pareja hacia mí:

Tipo de violencia	SI	NO
Violencia Psicológica		
Violencia Física		
Violencia Sexual		
Violencia Económica y Patrimonial		
Violencia contra los Derechos Reproductivos		
Violencia Feminicida		

Si obtuviste mayor puntuación en el apartado de tu violencia ejercida a otros: Debes analizar tus conductas y el tipo de violencia que utilizas con frecuencia, para comenzar a modificar Hábitos.

Conductas de riesgo en la relación de pareja

Cuando existen conductas de riesgo en la dinámica de pareja, es muy probable que ambos se encuentren en un hilo delgado entre la vida y la muerte, pues la violencia se incrementa sobre manera. Por ejemplo, si el agresor o agresora tienen los siguientes comportamientos: Consumo de alcohol y/o drogas; pertenecer a algún grupo delictivo, contar con antecedentes penales, padecer algún trastorno mental, violar las ordenes de restricción, conductas asociales, bajo control de impulsos, etc.

Actividad 14: Conductas de riesgo

Instrucciones: Indica en la siguiente lista, que las conductas existen en tus relaciones de pareja.

Por parte de mi pareja:

	Si	No
Consumo de alcohol y/o drogas frecuente		
Pertenecer a algún grupo delictivo		
Contar con antecedentes penales		
Padecer algún trastorno mental violento		
Violar las ordenes de restricción		
Conductas asociales,		
Bajo control de impulsos		
Tener conductas agresivas y violentas con la familia y vecinos		
Parafilias		
Otros.		

Por mi parte:

	Si	No
Consumo de alcohol y/o drogas frecuentes		
Pertenecer a algún grupo delictivo		
Contar con antecedentes penales		
Padecer algún trastorno mental violento		
Violar las ordenes de restricción		
Conductas asociales,		
Bajo control de impulsos		
Tener conductas agresivas y violentas con la familia y vecinos		
Parafilias		
Otros.		

Recuerda: Si reconoces por lo menos una conducta de las anteriores que tiene tu pareja o tú, ACUDE DE INMEDIATO A SOLICITAR AYUDA PROFESIONAL.

Cuando tenemos una relación amorosa con mucho dolor, generalmente, es porque tú también tienes muchas cosas y situaciones pasadas que sanar. A veces solo cambiamos a la persona, pero continuamos con el mismo molde en que los metemos. Es decir, buscamos a las personas con las mismas características internas que nuestra antigua pareja: celos, control, apego, baja autoestima, violencia, estereotipos rígidos, etc. y a veces, hasta se parecen físicamente.

3.- El ciclo de la violencia

Antes de describirte el ciclo de violencia, te voy a pedir nuevamente, con toda la HONESTIDAD posible, respondas las preguntas y no dejes una sola por hacerlo, ya que, a partir de éste análisis, vas a descubrir, como TU MISMO(A) Y NADIE MÁS, COMO FUE, QUE TE INVOLUCRASTE EN ESA RELACIÓN DE VIOLENCIA.

<u>Actividad 15: Inicios del ciclo de violencia</u>

¿Quién eligió a tu pareja?

____

¿Te eligieron o elegiste?

____

¿Qué te gustó de él/ella?

____

¿Qué no te gusto de él/ella y no le dijiste por temor a que se terminara la relación?

____

¿Te encontrabas en otra relación amorosa, cuando te involucraste con él/ella?

____

¿Te encontrabas en una relación dolorosa, en conflictos familiares, laborales y/o escolares, cuando te involucraste con él/ella, y te sirvió como fuga de escape?

____

¿Viviste con él/ella, antes del primer año de noviazgo?

____

¿Hablaste con él/ella de la distribución del dinero?

____

¿Qué comportamientos de él/ella, idealizaste, es decir percibiste más bueno y bonito de lo que realmente es?

____

¿Qué problemas de él/ella, te adjudicaste como propias?

____

¿Qué adicciones tenía cuando lo(la) conociste y pensaste que no eran problemas graves?

____

¿Qué valores, pensamientos, conductas y sentimientos de él, concordaron con los tuyos:

Yo	Él /Ella

¿Qué valores, pensamientos, conductas y sentimientos de él, **NO** concordaron con los tuyos:

Yo	Él /Ella

Recuerda: *"Entre más careces, más idealizas"*

"Si tu pareja culpa a medio mundo de lo que le sucede, aléjate, aún no es una persona madura"

"Si culpas a todos de lo que te sucede, recibe ayuda profesional, para iniciar el camino a tu MADUREZ"

*"Él / ella **no te pertenece**, solo eres su acompañante"*

"Si permites la violencia en tus relaciones sentimentales, NO TE ESTÁS RESPETANDO, NI AMANDO"

"Huye y aléjalos (as) de tu vida, cuando te digan, que han sufrido mucho y la mayoría de las personas, les han causado daño, pues son personas lastimadas, sin tomar el control de sus vidas y que siguen siendo víctimas, o generadores de violencia".

Fases del Ciclo de violencia

El ciclo de violencia se refiere a todo el proceso de violencia y doloroso que vive la pareja. La violencia tiende a presentarse de forma cíclica intercalando periodos de calma y otros muchos de conflicto, que pueden poner en peligro la vida.

Tal dinámica nos advierte del establecimiento de un vínculo de dependencia emocional y situación difícil de romper tanto para el agresor como para la víctima, si es que no deciden pedir el apoyo externo y profesional.

Fase 1. Acumulación de tensión.

¿Porque hay tensión en la pareja?

La acumulación de tensión, se alimenta de varios factores. Esto tiene que ver con lo que anteriormente respondiste. Por ejemplo: Si lo idealizaste, en la medida que vas conviviendo con la pareja, disminuyen los atributos que le adjudicaste. Si iniciaste la relación, por despecho o para olvidar a alguien más; si su sistema de valores es distinta a la tuya o alguno de los dos carecen de los mismos; si él/ella o tú, consideran que son de su propiedad. Cuando se impone la realidad de uno sobre el otro/a y la determina como absoluta; cuando se comienza ejercer el control hacia la pareja y cuando hay choque de costumbres.

La tensión se acrecienta más, cuando se van a vivir juntos, puesto que comparten espacios, responsabilidades, obligaciones y derechos. De igual forma, cuando una de las partes determina como absoluta. Surgen los conflictos en la ausencia de la comunicación asertiva y el diálogo.

El generador de violencia agrede a su víctima de manera constante y controlada. Crece en la victima, la angustia, la ansiedad y el miedo a medida que la relación de violencia crece. Hay un incremento del comportamiento agresivo más habitualmente hacia objetos; por ejemplo dar portazos arrojar objetos o romper cosas como una manera de intimidar. El violento se pone obsesivamente celoso y trata de controlar todo lo que puede: El tiempo, comportamiento, cómo se viste, a dónde va, con quién está, etc. El abusador puede decirle a su pareja, que si se aman, no necesitan a nadie más, que le llenan la cabeza de cosas.

En la fase uno, la víctima minimiza y justifica; acepta complaciente y/o sumisa. No expresa malestar o enojo violencia pasiva, En el generador el objetivo es restablecer la autoridad, rebajar la confianza y determinar quién tiene el poder.

A continuación te mostraré un par de historias donde se mezclan diversas violencias en la relación:

"Lo conocí en un viaje a Cancún, pasó un mes y nos hicimos novios por siete meses...empezamos a salir más, era detallista y cariñosos, yo le dije que ya quería tener un hijo porque quería ser madre joven, él me dijo que él también quería ser padre....me embaracé y cuando mis padres le preguntaron que si nos íbamos a casar, él les respondió que no, que aún no estaba preparado, tuve a mi hija y después me dijo que nos fuéramos a vivir con mi suegra, pero ella se metía mucho en la relación, siempre me acusaba con él, de que no sabía hacer nada del quehacer de la casa.....nos salimos a rentar, pero ya era grosero, pues comenzó a tener dinero y me comenzó a subestimar y burlándose de que yo hasta maestría tenía y estaba muerta de hambre pues dejé de trabajar para cuidar a mi hija.....después su madre, le dio un terreno y ahí construimos un departamento....no me daba dinero y me decía que yo me comprara mis cosas, porque no había pañales para mi hija, me decía que no era su obligación y yo le metí pensión alimenticia, me separé, pero me fue a buscar y me hizo promesas de cambio y regresé..... un par de meses, estuvimos bien, pero después todos los fines de semana tomaba, faltaba a la casa, yo le encontraba mensajes de amor de otra persona, se los enseñé y él lo negó, me dijo que estaba loca y me empujó......cuando tuve a mi segundo hijo, él me dijo que cada uno se hiciera cargo de cada hijo, yo acepté y me puse a trabajar y me hice responsable de todos los gastos de mis hijos y se burlaba de mí, porque les compraba ropa sencilla, que era para lo que me alcanzaba....ahora me corre de la casa, porque dice que es su departamento, porque su adre nos dio ahí, sin embargo yo también cooperé para su construcción" sic. (Mayra, 36 años).

"Terminé con él en la secundaria y los dos nos fuimos a distintas prepas, pero me buscó y regresamos.....cuando empecé la prepa, ya no andaba con él y anduve con otro chavo, y cuando regresé con JUAN terminé mi relación con la otra persona, JUAN se dio cuenta y me empezó a prohibir hablarle a mis compañeros de la escuela, amigos, la forma de vestir y no me dejaba que me maquillara, a mí me gustaba usar vestidos y él me imponía pants....me celaba del chico con el

que anduve, me iba a dejar y a recoger de la escuela, él si me fue infiel, yo le reclamé de porque él si se podía salir con sus amigas y me decía que yo no tenía cara para reclamarle....me apretaba muy fuerte del brazo y yo le decía que me dolía, pero decía que era broma y que también así demostraba su cariño...también se enojaba cuando yo salía con mi mamá y él decía que no estaba bien que yo saliera sola, tenía que avisarle a donde iba, lo terminé por sus celos...difundió fotos de mi desnuda en las redes sociales, con mis amigos y familiares, me chantajea para que regrese con él, me dice que no se va a quedar tan tranquilo de que le ví la cara, me dice que me va a matar a mí y a mi familia, si no regreso con él...actualmente tengo migraña por los problemas que tengo con él, ya casi no salgo y no voy a la escuela, para no encontrármelo, porque me sigue a todos lados donde voy, me hace escándalos en la escuela y en la calle, gritándome que soy una cualquiera y merezco lo peor de la vida......no tengo apetito y ya no encuentro alegría en la vida, además tengo mucho miedo" sic. (Sofía, 20 años)

Leopoldo: "Ella no me valora, yo soy trabajador, no tengo vicios, ayudo a la casa y aun así no la tengo contenta, siempre anda enojada y me grita de todo y delante de la gente, me dice que no la quiero y que prefiero a mis amigos, que cuando hablo con ellos, si estoy sonriendo, que cuando la acompaño a visitar a sus padres, traigo una cara del demonio y no quiero acompañarla, pero cuando estamos allá, no me hace caso"

María: "Llega del trabajo y solo quiere estar viendo la tele o estar en el celular, le pone más atención a él que a sus hijos y a mí, yo le digo que lo amo, pero solo asiente con la cabeza, no es capaz ni de utilizar el lenguaje para responderme, quiere más a sus amigas y amigos que a nosotros, por eso me da coraje y le digo sus cosas"

Leopoldo: "Se pone como loca, mejor la ignoro, porque si le respondo, no sé en que termine esto, yo no tengo que pedirle perdón, porque no he hecho nada malo"

María: "Es lo que siempre dice, que yo exagero las cosas y que soy desesperante"

Leopoldo: "Me reclama de situaciones que le conté cuando aún no éramos pareja y todavía sigue molestando con lo mismo, es muy insegura y eso no me gusta, me da mucho coraje con su actitud, que luego me salgo a la calle o llego tarde del trabajo para evitar discutir"

María: "Para él es fácil, desatender la casa y los problemas que hay, me responsabiliza de la educación de mis hijos y de su escuela....si se portan mal, se enoja y dice que es mi responsabilidad, el da solo el gusto y si alcanza o no alcanza, ya es mi problema, me frustra que no me apoye y me decepciona que me diga que no hago nada, delante de mis hijos, después ellos me dicen lo mismo y ya me molesto con ellos y les digo groserías, pero de inmediato me arrepiento" sic. (Leopoldo y María 36 y 34)

EJERCICIO:

¿Qué tipo de violencia reconociste en las Historias arriba relatadas?

____
____
____

¿Qué afectación emocional, física, familiar, laboral, escolar y social, identificaste en las historias contadas?

____
____
____

¿Qué verdad sustenta Leopoldo y María en torno a sus conflictos maritales y en su rol parental?

____
____
____

<u>Actividad 16: Tu estadio en la Fase 1 del Ciclo de la violencia</u>

Instrucciones: Responde a las siguientes preguntas:

¿Cuánto tiempo pasó para que te sintieras incomoda/o en la relación?

____
____

¿Cuáles fueron los factores que te causaron tensión?

____
____

¿ Cuáles fueron los factores que le causaron tensión a tu pareja?

____
____

Fase 2 Episodios de Violencia.

(La situación aguda de tensión, culmina en un evento violento donde hay golpes o humillaciones y abuso)

En esta fase, aparecen los eventos más claros de violencia, urge la necesidad de descargar las tensiones acumuladas por parte de la persona que genera la violencia. Si ambos la generan, es el clímax del maltrato y del abuso.

Las violencias que aquí surgen, van de la mano con muchas emociones displacenteras en ambas partes como la ira, frustración, venganza, rencor, resentimiento, y el miedo; entre otras. Así como el impacto, shock, decepción y desilusión de estar con alguien que se desconoce por completo.

El abusador hace una elección consciente sobre qué parte del cuerpo golpear y cómo lo va hacer. En la fase dos, la victima presenta shock, indiferencia, depresión, desamparo, búsqueda de ayuda en el generador.

En esta fase, hay una intención clara de romper con la relación, toda vez, que las emociones se encuentran a flor de piel y la razón les dice a las víctimas que no tienen por qué aguantar la violencia.

Si hay redes de apoyo las víctimas las utilizan aún con el temor a no ser apoyadas y con la vergüenza de que se enteren que vive violencia. Muchas veces no se habla de la violencia que se vive por el temor a la crítica y lástima de la gente.

Propósito: Asustar dar una lección remordimiento justificación negación y sentimientos de culpa y vergüenza

"Él se enojaba porque iba a visitar a mi familia y hablaba con mis amigas, me bloqueó el Face y me revisa mi celular....me limita en el gasto, o a veces no me da dinero y él lleva todo el control de la casa, cuando me da, me hace cuentas y se enoja si no me alcanza, me da cien pesos cuando se acuerda.....se emborracha seguido y es muy violento conmigo, ya lo he dejado en varias ocasiones, sin embargo regreso con él, porque me promete que va a cambiar, pero últimamente ya me corre del domicilio, no tengo a donde ir con mis hijos y me dice que me vaya sola, y que me va a quitar a mis hijos, por eso le pienso para separarme.....a veces no llega en las noches, y dice que esta con sus padres....me insulta, me humilla, me dice que nadie me va a querer por gorda y vieja, que soy una ridícula y que no sirvo para nada, que si algún hombre se fija en mí, solo es para burlarse de mí, pues nadie me va a querer con hijos." (Alicia, 38 años)

"Ya nos conocíamos como amigos, pero ambos terminamos con nuestras parejas y nos hicimos novios, sin embargo, desde los primeros meses de noviazgo tuvimos problemas, porque ella cambió demasiado conmigo, pues ya me hacía menos delante de su familia y amigos del trabajo, porque yo decía algo y me decía que no sabía, sentía feo cuando su familia y amigos también se reían…..me decía que me vistiera de diferente manera para que ya no pareciera vago…..me decía que nos íbamos a ver y al final, me cancelaba o llegaba hasta dos horas tarde a la cita…..empecé a tenerle mucho rencor, que empecé a mensajearme con mi ex novia…..ella se enteró y me comenzó a agredir física y verbalmente, posteriormente, ella también coqueteaba con compañeros de su trabajo y ya después era una lucha de poder entre los dos" sic. (Juan, 23 años)

"Cuando golpeo no me detengo, hay unas fuerzas que me hacen no parar, no sé qué me pasa, me transformo y pierdo el control, ella me hace enojar…..recapacito y trato de hablar con ella, pero se cierra y me dice que no quiere saber nada de mí, me amenaza con abandonarme e irse de la casa, llevarse a mis hijos y no volverlos a ver, le pido perdón, pero a veces me hace enojar más y la vuelvo a golpear" sic. (Roberto, 46 años)

"Desde el principio me dijo que no me amaba, que le diera tiempo y que iba a ser todo lo posible por llegar a quererme, fui paciente con ella, pero siempre la veía alejada y dispersa conmigo, eso me dolía, pero nunca se lo dije, lo que generó en mi fue un gran dolor, que después se convirtió en rencor, yo también anduve con mas personas, llegábamos a acuerdos por unos días y luego seguía con la misma actitud" sic.. (Rafael, 46 años)

Claro está en las historias anteriores que existe la violencia y no hay comunicación alguna ni apertura al dialogo. Cada parte ve su realidad y la hace como absoluta, justificando sus acciones y culpabilizando a la otra persona.

No se habla de las emociones en la medida que la violencia es reiterada. Se crean las falsas expectativas, que, de la noche a la mañana, ocurrirá un milagro y él o ella va a cambiar a como la otra parte lo desea y necesita. Se piensa que todo va a ser felicidad, sin llevar a cabo un trabajo interno primeramente en forma individual y posteriormente de pareja.

Actividad 17: Tu estadio en la Fase 2 del Ciclo de la violencia

Fase 3 Luna de miel

(Reconciliación aparente después del evento violento)

Hay confusión la víctima. Cree en las promesas de cambio, se caracteriza por un período de calma no violento, de muestras de amor y cariño. En esta fase puede suceder que el golpeador tome su cargo una parte de la responsabilidad por el episodio agudo dándole la pareja la esperanza de algún cambio en la situación a futuro actúan como si nada hubiera sucedido.

Prometen buscar ayuda y no volver a hacerlo. Si no hay intervención externa profesional, la relación continúa con una gran posibilidad de que la violencia haga una escalada y su severidad aumente; a menos que el golpeador reciba ayuda para aprender métodos apropiados para manejar la ira y el estrés esta etapa sólo durará un tiempo y se volverá a comenzar el ciclo que se retroalimenta, asimismo.

Luego de un tiempo, se vuelve a la primera fase y todo comienza otra vez. El hombre y la mujer agresora no se curan por sí solos, deben tener un tratamiento profesional. Si la victima permanece junto a la persona agresora, el ciclo va a comenzar una y una y otra y otra vez, cada vez con mayor intensidad.

En la fase tres, la persona agresora, es extremadamente amoroso, hace campaña de convencimiento, es encantador.

Propósito: Negar la violencia y evitar el abandono. Se hacen promesas de cambio y de estabilidad emocional. En esta fase se completa la victimización, pues la victima quiere creer que él va a cambiar o que esta es su cara verdadera. El sueño original de amor pleno confusión duda se siente obligada a ayudar lo hace lo esperado. Piensa que, en el fondo, es buena persona y la/lo ama.

"Lo conocí en la veterinaria de mi amiga, duramos dos meses de noviazgo, él me dijo que ya estaba separado de su esposa y después me entere que no era cierto, pero después de habernos casado por el civil, nos fuimos a vivir a un terreno de su padre y después nos fuimos a rentar, pero me di cuenta de que aún vivía con su esposa.....como al año, me di cuenta de que seguía viendo a su ex pareja, porque faltaba tres días a la casa y se iba con ella, después yo le reclamé y andaba borracho y me comenzó a insultar muy fuerte y me dio una golpiza muy fuerte, me dio patadas en el cuerpo y me cerró los ojos de los golpes, me culpó de lo que pasó y se fue de la casa por una semana....yo fui a la delegación a denunciar, después regresó y me pidió perdón, me dijo que ya había dejado a la otra persona y que yo era el amor de su vida, que no estaba dispuesto a perderme....por unos meses estuvo muy complaciente, me compró ropa y me llevó varias veces a visitar a mi familia, pues antes también eso le molestaba, me dejó salir con mi amiga.....después fue lo mismo o peor, porque seguía con su ex pareja" sic. (Carmen, 26)

"Él me pidió que me fuera a vivir con él y casarnos...yo también trabajaba y el no, porque aún seguía estudiando, pero cuando me embaracé me salí de trabajar y ahí vinieron los problemas, porque su madre nos apoyaba, pero él no me dejaba dinero ni para mí, ni para mi hijo, hasta que se metió a trabajar..... pero aun así no cubre todos los gastos, porque él anda de novio y también le gusta tomar, mi mamá me apoya económicamente y luego se enoja porque voy con ella, pero es para comer yo y mi bebé.... no me daba dinero para darle a mi hijo y para mis gastos personales, por lo que cuando le pedía, él se molestaba mucho y me decía cosas....siempre me comparaba con mujeres más delgadas que yo y me hacía sentir fea...a los tres meses de vivir juntos, las discusiones fueron más fuertes, por causa del dinero y de que él me fue infiel en varias ocasiones, cuando yo le reclamaba me decía que estaba loca y me ignoraba....después ya no quería tener relaciones sexuales conmigo, me ignoraba y cuando discutíamos, me sometía y me lastimaba el cuerpo, ya no quiero vivir con él, pero no tengo a donde ir, pues mi madre renta una vivienda muy pequeña y no podría con todos los gastos" sic. (Tania, 33)

<u>Actividad 18: Tu estadio en la Fase 3 del Ciclo de la violencia</u>

Instrucciones: Responde a las siguientes preguntas:

¿Qué promesas de cambio hubo por parte de la persona agresora?

¿Cómo fue la reconciliación?

¿A qué acuerdos llegaron?

¿Qué recompensa tuviste después de ser golpeada/o?

¿Qué recompensa diste después de golpear?

¿Buscaste ayuda?

¿Cuánto tiempo duró la aparente reconciliación?

<u>Actividad 19: Los Ciclos de violencia en tu vida</u>

Instrucciones: Responde a las siguientes preguntas:

¿Cuántos ciclos de violencia has tenido en tu vida?

¿Cómo saliste de ellos?

¿En qué fase del ciclo, permaneces más?

¿Qué pensaste de ti y de tu pareja en la permanencia del ciclo de violencia?

¿Qué emociones tuviste al estar dentro del Ciclo de violencia?

¿Qué similitudes hay en cada una de tus parejas al estar dentro del ciclo de violencia?

Constantes del ciclo de la violencia:

Las fases varían en duración y severidad entre las distintas parejas y en ocasiones varían también dentro de una misma relación.

El ciclo tiene un propósito y no se detiene a menos de que la pareja recibe ayuda psicoterapéutica especializada el ciclo empeora cada vez más en frecuencia e intensidad la pareja se encuentra en peligro cuando la fase de luna de miel desaparece el ciclo puede terminar en homicidio suicidio o ambas.

"Como a los nueve meses de vivir juntos, yo me quise separar de él, pero me sentí muy presionada porque me decía que no lo dejara, que me lo pensara por mi hija que iba a crecer sin padre…..no me daba dinero y le reclamaba y me decía que no tenía dinero, que si yo lo dejaba, él se iba a matar, yo le decía que me diera para mi hija y siempre me decía que no tenía….me acusaba de andar con otro, me decía que se iba a matar y se iba a drogar con todo si yo lo dejaba…..me separé de él en octubre del año pasado, porque la violencia se incrementó, yo me quedé con mi hija en casa de mi madre y él se regresó solo….a los quince días me buscó, me pidió perdón y regresé…… él se emborracha seguido y se droga diario y dice que todo es mi culpa, porque no lo amo". Sic. (Yolanda, 34)

La importancia de reconocer el ciclo de la Violencia:

Cuando alguien identifica el ciclo de la violencia de su relación, puede comenzar entender cómo es victimizada una y otra vez porque permanecen en una relación en la que es dañada física y emocionalmente y cuánto de su propio comportamiento es una reacción al ánimo radicalmente variable de su agresor.

Si ella está enojada consigo misma, sus capacidades han estado limitadas por el abuso al que ha estado sujeta también puede reconocer los procesos de pensamiento falseados que tiene durante el desarrollo del ciclo.

La victima termina sintiéndose responsable como otras personas cercanas que también son engañadas por la actitud de remordimiento de su pareja y cómo termina mordiendo el anzuelo para ocuparse más de las necesidades de su agresor que de las propias.

Los abusadores necesitan apoyo para cambiar, pero éste tiene que venir de personas capaces de confrontarlos consigo mismo para que puedan responsabilizarse de sus actos y reconocer el ciclo de la violencia.

Cuando la violencia falla, el abusador utiliza el afecto, la manipulación y el chantaje, para mantener la complacencia de su víctima y cuando ninguna de estas actitudes funciona; el usa entonces su lado vulnerable y desvalido para que la mujer responda protegiéndolo. La otra parte, puede aferrarse a la imagen amorosa de su agresor/a   o sostenerla a través de años de abuso físico y emocional

El ciclo de la violencia, si no se detiene, es muy probable que termine en homicidio-suicidio o ambas.

Recuerda: SI NO PARAS EL CICLO DE LA VIOLENCIA, VA A TERMINAR EN SUICIDIO U HOMICIDIO. O MATAS, TE MATAN, O TE SUICIDAS.

Cuando vemos noticias sobre feminicidios y homicidios, en los medios de comunicación, generalmente no reportan una historia de violencia de 10 o 15 años, solamente el fin del ciclo.

Hay maneras de parar el peligroso ciclo de la violencia y cada una de ellas incluye el tomar una decisión de salirse de cada fase del ciclo de la violencia en el momento preciso y la búsqueda de redes de apoyo, tanto familiares como institucionales.

Las constantes del ciclo de la violencia se aceleran tanto que la fase de luna de miel, desaparece, entonces la dinámica, se mueve directamente de la fase primera a la tercera fase, toda vez que la persona agresora justifica la agresión y culpa a la victima de sus episodios de violencia, así como de no querer cambiar su actitud.

4.- Costos y "ganancias secundarias" de la violencia

Costos:

Como hemos visto anteriormente, todos los fenómenos que son violencia y que se normalizan con la repetición , sin embargo, a nivel cognitivo, conductual, afectivo, laboral, familiar y social, conlleva una serie de afectaciones en las personas que la viven, perdurando por meses e incluso por años, sin tener una percepción de salud mental y física en las víctimas.

El cuerpo presenta múltiples afectaciones físicas temporales o definitivas. Incremento de las enfermedades; lesiones que dejas y no dejan huella; fracturas o contusiones; lesiones; quemaduras, inmovilidad, daños en órganos u otra con un impacto permanente, etc.

La mente empieza a dudar de las capacidades y presenta pérdida de la estabilidad emocional, pérdida de la autoestima, vivir con miedo, vivir amenazada, estrés, neurosis, falta de disfrute, ausencia del sentido de la vida y una minusvalía en todas sus capacidades y habilidades; sentirse como objeto o un mueble; sentirse que no existe; pérdida de sensibilidad física y disminución de los sentidos; pérdida de voluntad; angustia ansiedad; estrés; agotamiento dolor; tristeza; culpa; vergüenza; impotencia; desamparo; inseguridad; desmerecimiento; limitación del afecto; aumento en el consumo de medicamento o drogas; dependencia emocional; duda, desconfianza; incertidumbre en el futuro; represión o negación de emociones y sentimientos, etc.

En lo sexual: Disociación del cuerpo; vergüenza por su sexualidad; sumisión a los actos invasivos al cuerpo; permitir la burla y cosificación del cuerpo; trastornos en la sexualidad, como: disminución del apetito sexual, dificultad para relacionarse sexualmente; vaginismo; anorgasmia; falta de excitación sexual; dolores por contracciones o espasmos, alteraciones en las relaciones sexuales; etc.

En lo familiar: Falta de convivencia, ausencia de las redes de apoyo, aislamiento familiar, no contar sus problemas, pérdida de voluntad angustia ansiedad estrés en la familia de origen se pierde en los momentos importantes celebraciones o fechas especiales, se hacen alianzas y coaliciones entre más miembros de la familia; se aprenden modelos violentos; ausencia de comunicación y afecto entre todos los miembros familiares; rigidización de las jerarquías, etc.,

En lo social: Temor, limitación, o rechazo a la convivencia social; Rencor, evitación o temor a las personas del mismo sexo que la persona que genera violencia; Justificación de la agresión sexual; mitos en torno a la supremacía masculina; estereotipos socio culturales rígidos; reducción paulatina de las redes de apoyo; cambio o desinterés en las actividades cotidianas; aislamiento; falta de arreglo personal; montar una apariencia social para esconder la violencia; pérdida de libertad; se genera violencia hacia otras personas o hacia uno mismo y llegando hasta la muerte causada por la víctima o por el agresor.

En lo laboral: Pérdidas económicas a causa de la violencia, abandono del empleo por presión del generador de violencia; postergación de necesidades básicas reparación de daños materiales, pago de deudas; negación del empleo; falta de productividad laboral; pérdida de la estabilidad económica; quiebra económica, dependencia de un tercero; descuentos por inasistencias laboral relacionados al maltrato; hacer escándalos en el lugar de trabajo; permitir el control absoluto de los ingresos; permitir la imposición de criterios sobre el gusto familiar, etc.

En lo corporal: Trastornos en la alimentación; trastornos en el sueño; tensión muscular; desmayos; disnea; cefaleas; taquicardia; sensación de opresión en el pecho; sudación; temblor corporal; dermatitis; parálisis; fatiga; envejecimiento prematura; gastritis, colitis, vómito diarrea, contagios de enfermedades de transmisión sexual, etc.

Afectación en la Autoestima: Minusvalía en el concepto de sí misma /o; valoración negativa de sus propias capacidades, aptitudes, cualidades y fortalezas; falta de respeto; devaluación de la imagen propia; ausencia de auto responsabilidad y auto realización;

<u>**Actividad 20: Tus costos en la relación de violencia**</u>

Escribe en la siguiente tabla las afectaciones que has tenido a causa de la violencia

Vivida en las siguientes áreas de tu vida:

Física	Psicológica	Sexual	Familiar

Social	Laboral	Corporal	Afectación en la Autoestima

"Ganancias secundarias" de la violencia

En las relaciones de violencia, no existe como tal un beneficio, al contrario el costo es demasiado alto y más de lo que se pudiera imaginar, sin embargo, aquí se emplea el concepto de "ganancias secundarias" en la relación de violencia, toda vez que la víctima percibe que efectivamente hay "algo de bueno" en la relación y a eso se aferra para continuar con la misma. Las situaciones positivas o efectivas que tienen en su momento y que surgen casi siempre en la fase de luna de miel, es a lo que se puede percibir como "beneficioso o positivo".

Los "beneficios o ganancias" pueden ser:

Tener una compañía, cumplir con la religión; tener el respeto y apariencia social; tener estabilidad económica; contar con un techo, calzado, vestido y sustento; cumplir con los roles tradicionales de pareja y de familia; que los hijos crezcan con su papá y su mamá juntos; ganancias patrimoniales; satisfacciones sexuales; "percibir" afecto en la reconciliación; creer que todo va a cambiar; aferrarse al cumplimiento de expectativas, etc.

Actividad 21: Tus "ganancias secundarias" en la relación de violencia

Escribe en la siguiente tabla las "ganancias secundarias" que has tenido derivado de la violencia vivida en las siguientes áreas de tu vida

Física	Psicológica	Sexual	Familiar

Social	Laboral	Corporal	En la Autoestima

Recuerda: En realidad no existe ningún beneficio en la violencia, solo son percepciones que hacen que ésta perdure.

"Las ganancias en la relación, eran que salíamos mucho de viaje y ya conocía gran parte del mundo.....una vez que no supe pedir una dirección cuando estábamos en la India, él llegó al hotel y me golpeó como nunca, porque caminamos mucho para llegar al destino turístico; sin embargo cuando regresé a mi país, todas mis amigas y mi familia me admiraban, pues ellas no conocían ni la quinta parte de lo que yo....eso era lo que me reconfortaba ante sus infidelidades y golpes" sic. *(Regina, 26)*

"Los encuentros amorosos y las relaciones sexuales son más ricas cuando uno se reconcilia, como que se le echa más ganas" sic. *(Alfredo, 24)*

"A mí me gusta enojarme con él y terminar porque se vuelve más cariñoso y solo en esos momentos, me demuestra que me quiere" sic. *(Janette, 18)*

Sin visualizar y analizar nuestras conductas, muy frecuentemente actuamos de la misma forma, para que pase exactamente lo mismo, de aquello con lo cual obtuvimos una recompensa, que nos generó estados momentáneos de placer y satisfacción. Eso no significa que existe buena relación. Solo es pasajero, pues no hay un acuerdo de fondo.

<u>Actividad 22 : Coincidencias en las relaciones amorosas</u>

Ahora haz un análisis sobre tus relaciones sentimentales anteriores (haz la lista tan larga o tan corta, como la tengas) y escribe que características han tenido:

	Categorías	Pareja último	Pareja penúltimo	Pareja Ante penúltimo	Pareja Ya no me acuerdo	Pareja Etc
1	Duración de la relación					
2	¿Cuánto tiempo duró el flirteo? (coqueteo, mariposas en el estómago, ilusión, mensajes, etc.) antes de tener algún contacto cercano con él/ella?					
3	¿Cuánto tiempo duró la idealización? (se engrandecen las cualidades y minimizan los defectos)					
4	¿Cuánto tiempo al día le dedicaste al comienzo? (aprox. en horas. Incluye mensajes, llamadas y encuentros)					
5	¿Cuánto tiempo al día le dedicaste casi al final? (aprox. en horas. Incluye mensajes, llamadas y visitas) finalmente.					
6	Forma de comunicación: Mensaje, llamadas, video llamadas, físicamente.					
7	¿Qué no te gustó desde el comienzo?					
8	¿Cuantos tiempo estuviste a gusto en esa relación?					
9	¿Cuantos tiempo estuviste a disgusto en esa relación?					
10	¿Qué emociones se enfatizaron en esa relación?					
11	¿Qué expectativas te creaste de esa relación?					
12	¿Cuántas separaciones tuvieron?					
13	¿Tiempo máximo de separación?					
14	¿Quién buscó a quién?					

Ahora subraya las respuestas repetidas de todas tus relaciones. Si repetiste más de una conducta o comportamiento. Por ejemplo: La comunicación en su mayoría, fueron mensajes, había desconfianza en la relación, era ambivalente en sus actitudes y sentimientos, etc.

Ejercicio: Responde las siguientes preguntas:

1. Al responder el recuadro, ¿Te enfocaste en conductas de él/ella o tuyas?

---

2. ¿Esa persona te hacía enojar?

---

3. ¿A quién le atribuiste la responsabilidad/culpa de la ruptura?

---

4. ¿Qué analizaste con esa lista de relaciones sentimentales que has tenido?

---

5. ¿Qué conductas deberías cambiar?

Un gran error en las relaciones de pareja, es creer que el que comete fallas, solamente es el otro o la otra. De igual forma, haber crecido en la violencia y actualmente respaldar un sistema de creencias arraigado en la violencia, que facilitará colocarse en Generador de violencia o víctima de la misma.

Actividad 23: Cuestionario de Creencias sobre la Violencia.

Ahora te voy a pedir que lleves a cabo este cuestionario y enmarca dentro del paréntesis **F** Si consideras que es falso y una V Si consideras que es verdadero

Cuestionario	FALSO	VERDADERO
1.La violencia se da entre personas menos estudiadas		
2.El alcoholismo es una de las causas principales del comportamiento violento de los hombres		
3.Las drogas exacerban la violencia		
4.Las mujeres violentadas tienen auto estima baja		
5.A las personas agredidas, les gusta que les peguen		

6.Las personas agresoras tienen baja auto estima		
7.El que golpea una vez, golpea mas veces		
8.Algunas mujeres con su comportamiento provocan las reacciones violentas de sus parejas		
8.A las mujeres les agrada que les peguen		
9.Los hombres no reciben violencia		
10.La agresión física provoca excitación sexual en muchas mujeres		
11.Los hombres son impulsivos		
12.La persona golpeada, puede salvar a su pareja		
13.La comunicación es fundamental en las relaciones		
14.La otra (otro), me tiene que amar como soy		
15.Entre más aislamiento viva la pareja, más violencia puede vivir.		
16.Tengo derecho a revisar sus pertenencias de mi pareja		
17.Existe una conexión entre la violencia que yo ejerzo y la violencia de la que soy víctima		
18.Me siente bien cuando se ejerce violencia		
19.La violencia es necesaria para defenderse del medio en el que se vive		
20.Las mujeres hacen enojar a los hombres con su comportamiento.		
21.Las mujeres son culpables de la violencia		
22.Hay violencias que dañan más que otras.		
23.Generalmente cuando ejerzo la violencia, busco ayuda		
24. La violencia se arregla dentro del hogar, los demás no tienen por qué saberlo.		
25.Hablar sobre las emociones, es malo		

Resultado: Si obtuviste mas Verdaderos que Falsos, presentas creencias arraigadas sobre el ejercicio de la violencia.

Recuerda: Si estás inmerso o inmersa en un sistema de creencias y estereotipos rígidos, en torno al hombre y la mujer; si en tu vida ha permeado la violencia; necesitas ayuda profesional para que te acompañe en el proceso de deconstrucción de la violencia.

5.- El amor romántico

Tal vez has escuchado varias veces sobre el amor romántico. Bueno te explico su significado y sus orígenes:

El amor romántico surge del Romanticismo: Movimiento artístico, cultural y literario que surgió a finales del siglo XVIII en Inglaterra y Alemania, extendiéndose luego a otros países de Europa y América. La importancia de la corriente es que hace referencia a la emoción que despiertan los espacios agrestes, la naturaleza y la melancolía que genera, así como también lo increíble e inverosímil. De ahí surgieron los escritores románticos, y muchas de las creencias que permean en el pensamiento colectivo de muchos hasta la actualidad.

El amor romántico, generalmente implica una expresión del fuerte sentimiento de uno, hacia otro. Se origina en el ideal medieval de la caballería como se establece en su literatura de romance caballeresco. De ahí surgieron las historias de príncipes valientes rescatando a sus princesas.

6.- Los Mitos del amor romántico

Nuestra cultura patriarcal, ofrece una serie de creencias e imágenes idealizadas en torno al amor; que en numerosas ocasiones, dificulta el establecimiento de relaciones sanas y provoca la aceptación, normalización   y justificación de comportamientos claramente abusivos y ofensivos.

Nos enseñaron cosas sobre el amor como:

a) No hay cosas más importantes en la vida que el amor romántico.
b) Hay una mujer destinada a ti
c) El amor es inagotable e incondicional.
d) Hay un hombre/mujer destinado para ti, hasta la eternidad.
e) El amor todo lo puede
f) No hay amor sin dolor.
g) A las mujeres se les dice que tienen una fuente de amor inagotable para ser principalmente madre, esposa e hija.
h) El hombre tiene que ser el protector y rescatador de la vida aburrida de la mujer.
i) El hombre elige, la mujer acepta complaciente, dulce y sumisa.

En la literatura romántica, a los hombres el mensaje principal es que el amor es eso que sucede al final de la aventura después de haber pasado por mil situaciones diferentes después de que el héroe ha demostrado su fuerza, su valentía, su capacidad para ganar y someter a los enemigos que le van saliendo en el camino y los monstruos internos que a veces le paralizan de miedo. Si logra vencerlo, será digno del amor de la princesa bella y delicada que espera años por él. Si el hombre fracasa será objeto de burla, vergüenza y debilidad ante los ojos de los demás. A diferencia, del hombre fuerte y valiente que venció los monstruos para salvar a su damisela, es admirado y venerado por sus súbditos y amigos. La bella chica, sufre lo indecible hasta que llega su Salvador.

Otros de los mensajes que suelen lanzarnos desde las producciones culturales, es que el príncipe azul lleva consigo el amor incondicional de su madre grabado en el corazón, por eso sólo podrá ofrecerle el trono del reino a una mujer que la ame como su madre de un modo total sin pero sin condiciones.

El mensaje que lanzan a las mujeres es que si son elegidas deben sentirse inmensamente afortunadas porque son el símbolo del triunfo masculino, de ese guerrero.

Las princesas tienen que ser muy pacientes porque en casi todas las historias, el amado tiene mucho trabajo y es que por encima del amor, está la misión del héroe ante el estado y la sociedad, por ser un hombre poderoso que puede cambiar los rumbos sociales y que, es mucho más grandiosa que la princesa.

El héroe primero sirve a la patria y después obtendrá su recompensa por su trabajo; tiene que ganarse el protagonismo de los cuentos de hadas y de las películas de acción a demostrar que es un hombre con pleno control sobre sus emociones y mucha sangre fría para actuar; tiene que olvidarse de su corazoncito para matar, aniquilar y destruir al enemigo tiene que demostrar que es duro como una piedra, que ejecuta órdenes con la fidelidad de un robot, que es capaz de aguantar el cansancio, el hambre, el dolor de las heridas, el sueño acumulado y todo lo que le echen encima.

Le dicen a las niñas que el amor es lo importante porque las liberará de su encierro o de su desgracia. No es casualidad que las princesas siempre estén solas y desprotegidas a merced de las circunstancias y soñando con que alguien se encargue de ellas nunca tienen un plan propio para escapar del encierro ni redes de solidaridad y afecto que la ayuden. Son vulnerables, frágiles y sensibles; dulces, heterosexuales de piel blanca y cabello rubio; se aburren mucho, suspiran mucho y piensan en su príncipe azul a todas horas creyendo que encontrarán la felicidad eterna.

A los hombres los encanta pensar que existe una princesa que lo ama porque si y sólo piensa en él; pero además hay otras mujeres que les desean mucho. Como es natural, es un macho alfa. El mensaje que les lanzan a ellos, es que han de ser fuertes para evitar tentaciones, pues se verá seducidos por figuras femeninas y por hombres que les quieren quitar el poder, con los cuales deben luchar y apartarlos del camino, desterrarlos o eliminarlos.

Ahora te voy a pedir que respondas a la siguiente pregunta, con respecto de lo que te dijeron desde los primeros años de vida hasta la actualidad, sobre el "deber ser" tanto de las mujeres, como de los hombres:

Las niñas deben ser:

____
____
____
____

Las adolescentes deben ser:

____
____
____
____

Las jóvenes deben ser:

____
____
____
____

Las esposas deben ser:

____
____
____
____

De igual forma escribe como te dijeron que "debían ser los hombres en cada etapa de su desarrollo"

Los niños deben ser:

Los adolescentes deben ser:

Los jóvenes deben ser:

Los maridos deben ser:

Esas creencias con las cuales creciste, te generaron una visión de lo que debe ser hombre y mujer. Así también como una categorización al hombre y la mujer, brindando en una categoría todos los atributos positivos y por otra parte, todos los negativos, tanto al hombre y a la mujer. Ejemplo: La buena y la mala, la gorda y la flaca; El valiente y el cobarde; El guapo y el feo, etc.

Por ende, desde pequeños, asumiremos la posición de triunfadoras y triunfadores, como en las películas, telenovelas, historias, canciones y cuentos de hadas.

Las mujeres maléficas son: Libres, potentes, atractivas y peligrosas; así que el hombre ha de acercarse a ellas para satisfacer sus necesidades básicas como el sexo y divertirse un rato. Saben que serán perdonado porque son meras necesidades sexuales y nada tiene que ver con el sublime amor "real" de su pareja.

Lo anterior, como bien se dice: son cuentos, sin embargo, la realidad es siempre diferente a la ficción romántica.

Como cualquier pareja, los enamorados se arrugan, engordan, pierden belleza y alegría se pelean, se aburren, se lastiman, se traicionan, se reconcilian y nada es tan bonito como nos habían contado. Las princesas y los príncipes no son tan perfectos por lo que sus historias de amor tampoco lo son.

Al no tener la vida de ensueño, ni a la princesa perfecta, y ni al príncipe guapo y poderoso, nos frustra porque nos sentimos engañados o engañadas del amor y pensamos que tenemos mala suerte en el amor.

Para sufrir menor tenemos que derrumbar las ideas que nos han inculcado a lo largo del tiempo, sobre el sacrificio que tienen que vivir tanto el hombre como la mujer, para poder tener un amor hasta la muerte. Tenemos que aprender a relacionarse amorosamente con personas de carne y hueso

Mas mitos:

a) Renuncia a la intimidad, no pueden existir secretos y la pareja debe saber todo sobre la otra parte.
b) Los celos son un signo de amor incluso el requisito indispensable de un verdadero amor
c) Entrega total de fusión con el otro(a), hasta olvidar la propia vida.
d) Dependencia mutua
e) Postergar necesidades y sacrificar lo propio, por la felicidad de la otra parte.
f) La complementariedad (La media naranja y entendido como la necesidad del amor de pareja para sentirse completo en la vida).
g) La mujer como cosificación al placer de otro

Hoy en día, en el imaginario y en las representaciones sociales, hay una resignificación no tan asertiva de las relaciones de pareja; pues se sigue cosificando a la mujer y se sigue fomentando la violencia en los hombres, a través de películas, series, narco series, comerciales, video juegos, canciones, etc,

Cabe mencionar que el género de los hombres no es una característica o condición esencial sino una construcción social. La masculinidad dominante caracterizada por fuerza, éxito, autosuficiencia y capacidad de brindar seguridad y protección es una demanda social.

<u>Actividad 25: Los mitos con lo que crecí y en la actualidad creo:</u>

A continuación, responde en las siguientes líneas, actualmente que mitos permean tus relaciones sentimentales.

¿Qué mitos afectan a tu relación de pareja?

7.- Los estereotipos en el hombre y la mujer que permiten la violencia

Las imágenes del cuerpo femenino apetitoso, frágil y guiado por sus emociones, contrastan con el cuerpo masculino concebido como el lugar de la racionalidad y el autocontrol; eje de la supremacía masculina y centro del poder social. A eso se le llaman estereotipos.

Desde esta perspectiva se ha planteado qué la violencia es uno de los ejes constructivos de la masculinidad, pues el hombre tiene que enfrentar al propio hombre, al grupo, pandilla y a la familia para establecer jerarquías dentro del grupo.

El hombre está conceptualizado a demostrar su fuerza; la mujer se le permite mostrar sus sentimientos y afecciones. A los hombres se les está reprimiendo su sentir para no reflejar fragilidad.

Marcel Lagarde, considera que el cuerpo de la mujer es el cautiverio de la madre, esposa convirtiendo su cuerpo para los otros

Las mujeres aprenden formas estereotipadas de relacionarse de comportamiento lenguajes y actitudes que incorporan como parte de su feminidad.

<u>Actividad 26: Cuestionario sobre estereotipos en el hombre y la mujer:</u>

Ahora te voy a pedir que lleves a cabo este cuestionario y enmarca dentro del paréntesis F Si consideras que es falso y una V Si consideras que es verdadero

	FALSO	VERDADERO
Los bebés necesitan más la cercanía de la madre que del padre		
Los hombres pueden ser débiles emocionales		
La mujer muestra sus emociones		
Las mujeres son mejores para la crianza de los hijos debido al instinto maternal		
Los hombres tienen que mostrar su fortaleza		
Los hombres son más racionales que las mujeres y las mujeres más afectivas que los hombres.		
Las mujeres deben cuidar su figura siempre		
Las mujeres tienen la culpa de que el hombre las engaña		
Existe rivalidad entre las mujeres		
Las mujeres solteronas son amargadas		
Los hombres son más relajados que las mujeres		
Las mujeres tienden más a la neurosis que los hombres.		
Los hombres saben manejar mejor		
Los hombres no deben llorar		
A las mujeres no se le dificulta pedir ayuda emocional		
Un hombre no puede cuidar de manera adecuada a un bebé		
La mayor responsabilidad económica del hogar recae en el hombre		
Una pareja puede funcionar adecuadamente aún si el hombre permanece en la casa y la mujer trabaja fuera del hogar		
Las mujeres son más resistentes a las enfermedades		
Existen unos trabajos más apropiados para mujeres y otros apropiados para hombres		
Las mujeres son hipócritas		
A las mujeres les ganan lo irracional e intuitivo		
Los hombres son mejores que las mujeres a la hora de		

tomar decisiones		
Las mujeres son más pacíficas que los hombres		
Los hombres son mejores que las mujeres para desempeñar labores técnicas		
Los hombres son objetivos		
Las mujeres faltan al trabajo más porque debido enfermedades y malestares del propio sexo		
Las mujeres se dejan llevar por la emoción, a la hora de elegir pareja.		
Las mujeres son más confiables que los hombres para manejar los dineros de la comunidad		
Los hombres son más capaces y tienen mayor credibilidad que las mujeres al momento de negociar		
Los hombres son mejores que las mujeres en el desempeño de funciones que impliquen responsabilidad y toma de decisiones		
Las mujeres son más honradas que los hombres		
Los hombres ocupan la mayoría de los puestos de dirección porque tienen más experiencia en los asuntos		
Los hombres están más capacitados que las mujeres para realizar estudios científicos		
La mayor responsabilidad para evitar los embarazos debe de caer en las mujeres		

Resultado: Si obtuviste más Verdaderos que Falsos, presentas creencias estereotipadas en torno al hombre y a la mujer.

Como habrás notado, también influyen mucho en la violencia, los estereotipos que nos impone la sociedad, tanto al hombre como a la mujer.

Recuerda: El pedir ayuda emocional, no es signo de debilidad, al contrario, es símbolo de fortaleza y responsabilidad.

CAPÍTULO DOS: LA FAMILIA

8.- La Familia

¿Por qué es necesario revisar a la familia?

Porque de ella vienen los primeros conceptos del mundo y lo que le rodea al ser humano. La familia es un sistema que se preserva y mantiene una interacción con el ambiente en que crecen y se desarrollan las personas.

Cada esfera familiar, va cargada de normas, creencias, tradiciones, limites, jerarquías y demás atributos que se entremezclan con todos los integrantes que la componen, por lo que mantiene su supervivencia y preservación de su identidad.

Al interactuar con otros sistemas sociales, tales como el ambiente, la escuela, comunidad, trabajo, y religión; ésta comienza por ser dinámica y flexible a los nuevos cambios.

Son necesarios y útiles las influencias externas en la familia, pues a través de éstas, se genera una regulación en las normas y límites sociales por las cuales sus integrantes saben lo que deben y no deben hacer.

La familia es el primer grupo social que tiene un ser humano, por lo que las fortalezas y debilidades, así como los fenómenos permitidos en la familia, se tienden a normalizar y regular dentro de ella.

9.- Mi Biografía

La importancia de revisarte desde los primeros años de tu vida es fundamental, por lo que te voy a pedir por favor que escribas en estas hojas que están en blanco, tu autobiografía lo MAS COMPLETA QUE PUEDAS, es decir, desde los primeros años de vida. La vas a escribir dos veces y por cada ocasión que la escribas, la vas a leer en voz alta. Posteriormente llevas ejercicios de relajación, pues tu cuerpo se cargará de emociones.

A medida que estás escribiendo, vas a recordar más y más, esto es por la reconexión de los recuerdos, que hace el cerebro. Cuando ocurre un trauma en nuestra infancia, el cerebro utiliza mecanismos de defensa como la evitación o bloqueo del recuerdo, por ello, es imperante tu autobiografía, para comenzar a conocerte.

Actividad 27: Mi Biografia

MI NOMBRE ES:

Y nací:

MI BIOGRAFÍA

MI BIOGRAFÍA

MI BIOGRAFÍA

MI BIOGRAFÍA

Preguntas:

¿Qué sentiste al estar escribiendo tu biografía?

____

¿Qué momentos fueron los más dolorosos?

____

¿Qué momentos fueron los más felices?

____

¿Si fueras un espectador de la película de tu vida, Que le quitarías y que le agregarías?

____

¿Qué ha cambiado en esa película, con el protagonista y con todas las personas de reparto?

____

¿Cómo ha cambiado en ambiente y el entorno de esa película? ¿Es la misma casa, calle, escuela, colonia, trabajo, etc.?

____

¿Consideras que actualmente, ha mejorado o empeorado la película de vida?

____

¿Qué hiciste para empeorarla?

¿Qué hiciste para mejorarla?

Actividad 28: Situaciones Fundamentales En Mi Biografia

Ahora que ya escribiste y leíste dos veces tu historia, te pido que, con un marcador, subrayes, los momentos más dolorosos de tu vida y que describas o recuerdes como te sentiste. Las emociones que te generaron y quien o quienes se encontraban a tu lado.

Te pido que describas, como saliste de ese atolladero y quien o quienes te ayudaron, si lo hiciste en soledad, que fue lo que te hizo seguir adelante.

También, vas a subrayar los momentos más felices y de mayor satisfacción que has tenido durante toda tu vida, hasta la actualidad.

Tu biografía la vas a separar por etapas de tu vida. Es decir, primeramente te vas a enfocar en tu primera infancia, si es que recuerdas algo doloroso y/o amoroso de ese estadio y así, sucesivamente.

Primera infancia (0-6 años):

Segunda infancia (07-09):

Pre Pubertad (10-12):

____

Adolescencia (13-18 años):

____

Juventud (19-29):

____

Adultez (30- a la fecha)

____

NOTA: Si necesitas escribir más, recuerda que debes hacerlo en tu cuaderno adicional
que compraste para todos éstos ejercicios, no te lo guardes.

Cuando termines de escribir, busca un lugar cómodo, tranquilo y solitario para ti, pues
debes leer tu biografía y las respuestas posteriores, en voz alta. Es muy común que
tengas la necesidad de llorar, añorar y sentir muchas emociones. Para ello debes

escuchar a tu cuerpo que es lo que desea hacer y llévalo a cabo. Si quieres llorar mucho, alto, fuerte, con todo, ¡hazlo!, no te lo guardes.

RECUERDA: ¡EL LLANTO ES LA MÁXIMA EXPRESIÓN DEL ALMA!

Actividad 29: Personas significativas en mi vida (positivas y negativas)

Recuerda a las personas que hicieron comentarios tanto negativos, positivos o ambivalentes, es decir, a aquellos que te felicitaron y posteriormente te hicieron sentir mal, o viceversa. Escribe el nombre del familiar y las conductas hacia a ti.

INFANCIA:

Familiar	Actitudes Positivas	Actitudes Negativas	Ambivalente (+ y − a)		

Haz el recuadro tan extenso como lo necesites. De igual forma, realiza otro para tu etapa de la adolescencia, de la juventud y de la etapa adulta.

ADOLESCENCIA:

Familiar	Actitudes Positivas	Actitudes Negativas	Ambivalente (+ y − a)		

JUVENTUD:

Familiar	Actitudes Positivas	Actitudes Negativas	Ambivalente (+ y − a)		

ADULTEZ:

Familiar	Actitudes Positivas	Actitudes Negativas	Ambivalente (+ y − a)		

<u>Actividad 30: Palabras o frases importantes en mi vida.</u>

Ahora te voy a pedir que subrayes las palabras o frases, que se repiten con mayor secuencia en todas tus etapas y las personas que te las dijeron.

Haz una lista de palabras y frases que consideraste positivas y una lista de las negativas. En el siguiente cuadro:

CONTEO:

	Palabras o Frases que me dijeron de forma positiva	Palabras o Frases que me dijeron de forma Negativa.
1		
2		
3		
4		
5		
6		
7		
8		
Etc.		

Preguntas:

¿Cuántas frases o palabras negativas recordaste?

____

¿Cuántas frases o palabras positivas recordaste?

____

¿Cuántas personas consideraste negativas en tu vida?

____

¿Cuántas personas consideraste positivas en tu vida?

____

¿Cuántas personas consideraste ambivalentes en tu vida?

¿Qué emociones te generaron en aquel tiempo?

¿Qué emociones te generan en la actualidad?

¿Qué te hubiera gustado que fuera diferente?

10.- Mi árbol Genealógico

Actividad 31: Mi Árbol Genealógico

Dibuja tu árbol genealógico, hasta tus bisabuelos. Entre más parientes que puedas incluir, mejor, pues vas a identificar las costumbres y fenómenos que tienes arraigado, de manera inconsciente en tu vida y que, además, puedes heredar a tu descendencia. Si no sabes que ha pasado en tu familia, pregunta a las personas con mayor edad en tu familia, ellas te pueden revelar situaciones que a lo mejor desconocías y que son clave, para determinar, quien eres actualmente. Recuerda que todas las familias, también están cargadas de secretos.

Probablemente te suene ridículo, pero en verdad, lleva a cabo esta práctica, lo más seria posible, para descubrir quién es tu familia, pero principalmente, quien eres tú.

Te dejo como ejemplo un árbol, le tienes que agregar más recuadros, para incluir a tus hermanos, tíos paternos y maternos y tíos abuelos maternos y paternos. Posteriormente vas a detectar que patrones se repiten.

Preguntas:

¿Cuántos miembros familiares incluiste en total?

¿Quién te ayudo a completar tu árbol y a investigar sobre tus antepasados?

¿Qué situaciones vividas de tus antepasados, no sabias?

¿Qué emociones te generan esas situaciones?

¿Qué secretos descubriste de tu familia?

____

Nota: Ahora que ya tienes a la mayoría de personas en tu árbol, escribe en la siguiente tabla, los fenómenos que se repiten con personas de tu familia.

Estos fenómenos que incluyo, son los que más perjudican a los sistemas familiares y a todos sus integrantes.

Actividad 32: Fenómenos Familiares

Tienes que incluir a tu familia materna y paterna. Si es menester agregar más recuadros, hazlo en una libreta que destines especialmente para tus ejercicios relacionados con éste cuadernillo.

Familiar	Violencia	Alcohol y Drogas (Tipo)	Abuso sexual y/o Violación	Depresión	Abandono	Reclusión	Suicidio	otros
Madre								
Padre								
Hermana(o) 01								
Hermana(o) 02								
Hermana(o) 03								
Hermano 02								
Tío(a) materna 01								
Tío(a) materna 02								
Tío(a) materna 03								
Tío(a) materna etc.								
Tío(a) paterno 01								
Tío(a) paterno 02								
Tío(a) paterno 03								
Tío(a) paterno 04								

Tio(a) paterno etc.								
Abuela materna								
Abuela Paterna								
Abuelo Materno								
Abuelo Paterno								
Tio (a) abuelo Materno 01								
Tio (a) abuelo Materno 02								
Tio (a) abuelo Materno 03								
Tio (a) abuelo Paterno 01								
Tio (a) abuelo Paterno 02								
Tio (a) abuelo Paterno 03								
Bisabuela Materna								
Bisabuela Paterna								
Bisabuelo Materno								
Bisabuelo Paterno								
Etc.								

Haz el recuadro, tan extenso como te salga e incluye comportamientos y actitudes que tal vez no estén registrados en el recuadro anterior, sin embargo, que se repitan constantemente en todo tu sistema familiar con los integrantes que la componen.

Lo importante es que subrayes cuantas veces se repite un mismo patrón por parte de tus familiares.

Ahora quiero que identifiques, cuales patrones de comportamiento y emocional tienes tú.

11.- Violencia en la familia

¿Porque es de suma importancia analizar casi con lupa a tu linaje?

Porque éste te brinda el origen. Sin embargo, dado que se trata de un sistema abierto, es decir, que se influye de diversas fuentes sociales, tales como la interacción de sus miembros en la escuela, trabajo, comunidad, medios de comunicación, etc.; está en constante intercambio de energía, materia e información.

También,   necesita ser flexible para mantenerse vivo, conservar su salud y dar lugar a la creación de nuevos sistemas familiares.

La familia se sitúa en un orden jerárquico compuesto por una combinación de subsistemas en orden creciente y se enfoca en quien asume la autoridad o la capacidad de empoderamiento, a nivel familiar. Así pues, se entiende que un sistema familiar, está conformado por elementos o partes que funcionan como una totalidad y que se mantienen en continua interdependencia y ajustados a un tipo de jerarquía propio, listos para influir en otros sistemas.

Cuando una familia no cuenta con fuentes sociales, se vuelve más estricta y rígida en sus normas y creencias. Los patrones nocivos tienden a incrementarse y convertirse en conductas no adecuadas para el sistema social.

Familia nuclear.

Hoy en día,   existen diversas composiciones familiares, es común,   no solo ver a la tradicional: padre, madre e hijos; si no, que existe una diversificación en la misma y que pueden intervenir varios actores en la estructura jerárquica de la misma. Se le llaman familias compuestas.

Actividad 33: Conductas dañinas hacia mi

El siguiente ejercicio, se remite a las personas que ejercieron conductas dañinas hacia ti. Te pongo como ejemplo la violencia. Emplearás tantos recuadros como necesites, por cada comportamiento perjudicial que produjeron hacia ti. Ejemplo:

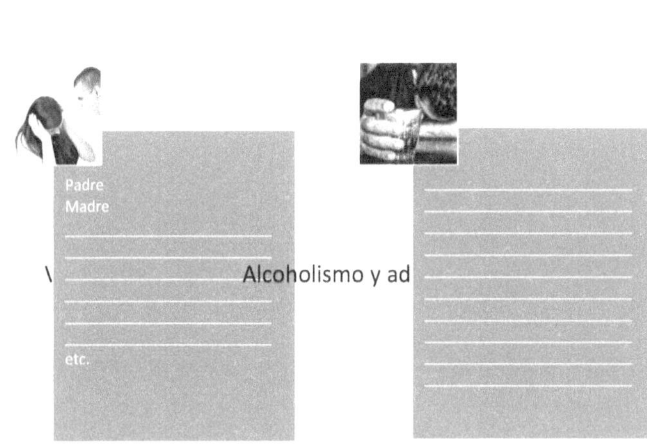

Padre
Madre

etc.

Alcoholismo y ad

Abuso Sexual y/c

Etc.

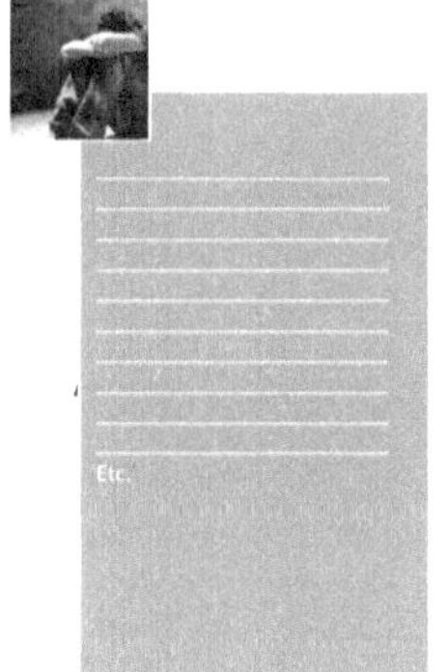

Etc.

Etc.

Preguntas:

¿Cuántas personas te lastimaron?

¿Qué ha pasado con ellas?

____

¿Cómo es tu relación actual con ellas?

____

¿Qué ha cambiado en ti y en ellas?

____

Si necesitas escribir más, recuerda que debes hacerlo, no te lo guardes. Escríbelo y posteriormente lee en tu cuaderno.

<u>Actividad 34: Conductas dañinas de mi parte, hacia otros(as)</u>

Ahora necesitas de toda tu **HONESTIDAD,** para llevar a cabo la próxima actividad. Escribirás en el recuadro azul, el tipo de conducta y en las líneas de abajo a todas las personas que lastimaste y lastimas con tus conductas nocivas.

Escribe la conducta dañina

Escribe el nombre a los cuales estás dañando con tus conductas
Etc.

Conducta:

____

____

____

____

____

____

____

____

____
____
____
____
____
____

____
____
____
____
____
____

Preguntas:

¿Cuántas personas has lastimado?

____

¿Cómo te sientes cuando lo haces?

____

¿Qué comportamiento tienes, después de ejercer una conducta nociva con otros (as)?

____

¿Cómo es tu relación actual con ellas?

____

¿Qué ha cambiado en ti y en ellas?

____

¿Qué conductas dañinas se han incrementado en tu sistema familiar? (incluye a todos los miembros de la familia)

La imagen posterior, tiene tres apartados. En el primero dice: Personas anteriores, significa que tienes que incluir a tus antepasados y los que tengan mayor edad que tú.

En las personas actuales: Te colocarás tú, los familiares de tu edad y más jóvenes.

Por último, escribirás en las líneas, las conductas nocivas familiares que han crecido en tu familia.

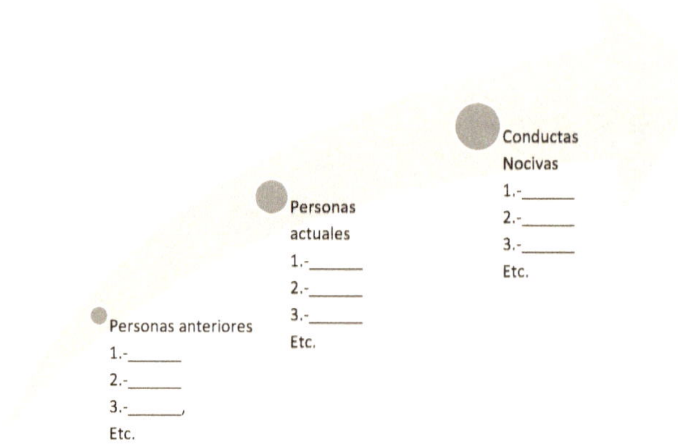

Nota: Si son insuficientes las líneas, utiliza tu cuaderno.

Actividad 36: Conductas familiares que han disminuido o eliminado.

¿Qué conductas dañinas se han eliminado o disminuido en tu sistema familiar (incluye a todos los miembros de la familia)

De igual forma, que el ejercicio anterior, anota las conductas que la familia ha disminuido o eliminado y el nombre de éstas.

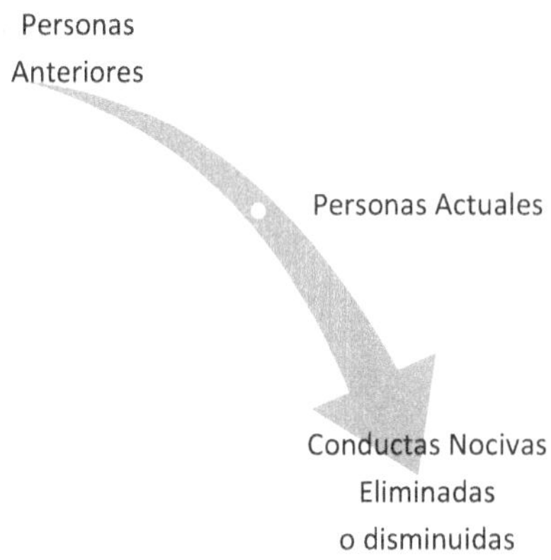

Personas
Anteriores

Personas Actuales

Conductas Nocivas
Eliminadas
o disminuidas

Preguntas:

Hasta aquí, ¿De qué te has dado cuenta sobre ti y tu familia?

¿Te gusta lo que descubriste acerca de ti y de tu familia?

¿Has detectado que tu historia se parece con alguna de otro miembro de tu familia?

¿Qué fenómeno ha dañado más a tu sistema familiar?

¿Con que miembros de la familia consideras que han permanecido los conflictos a lo largo de los años?

¿Cuáles miembros de la familia consideras que han sido figuras de apoyo, seguridad y protección en tu vida?

¿A quién o quiénes de tu sistema familiar, recurres cuando surge un conflicto ajeno a la familia?

Recuerda: Lo que acabas de analizar, son tus patrones generacionales, que de alguna forma influido en tu personalidad y en quién eres hasta hoy.

Actividad 37: Miembros de la familia que asumen la autoridad.

A través del siguiente ejercicio, debes reducir tu visión, solamente a tu núcleo familiar, compuesta por los miembros más allegados a ti, (padre, madre, hermanos y en su caso, abuelos, padrastros, madrastras, etc.)

Anota en el primer cuadro azul, quien asume la mayor jerarquía en tu familia y así sucesivamente. En el cuadro blanco, una palomita o una X, si consideras que es la persona adecuada para ejercer la autoridad en la familia. También debes de indicar, si los miembros, están en el nivel de autoridad que les corresponde. Relaciona los cuadros como consideres necesario y anexa los necesarios.

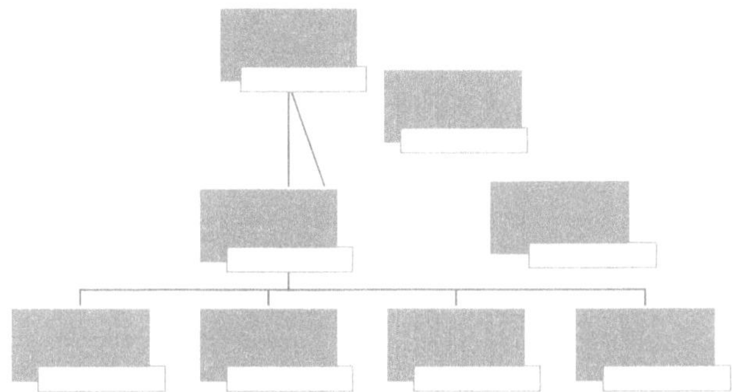

Preguntas:

¿Qué personas asumen la autoridad en tu familia y por qué?

____

¿Te gusta la estructura que tiene tu familia?, ¿por qué?

____

¿Alguien subió o bajo en el orden jerárquico? ¿por qué?

____

¿Algún miembro de la familia, cambió de lugar? ¿por qué?

¿Consideras positivo o negativo la figura de primer orden? ¿por qué?

¿Existe alguien ausente, sin embargo, tiene un nivel de mando importante en tu familia? ¿por qué?

Los   Roles Familiares.

Los roles familiares, se refieren a las actividades y características determinadas que se imponen a nivel social y familiar, a cada integrante. Es decir, a los padres y madres, asumen diversos roles, tales como: cuidadores, protectores, proveedores y transmisores en el sistema familiar. En el sistema social, se desempeñan en diversas áreas, tales como miembros de la iglesia, empleado, jefe, deportista, profesores, etc.

A los hijos, les toca la función de estudiantes, aprendices y receptores de toda la carga de información familiar y social. Sin embargo, se suele detectar, en diversas familias la inversión de roles, que se da por lo general, cuando una posición de una persona asume la posición de otro miembro. Se podría encontrar un hijo que asume las funciones de proveedor económico que tradicionalmente se han asignado a los padres; o que cumple con el deber de ser el cuidador y protector de los hermanos, a veces por las necesidades imperantes del sistema.

Las características del rol paterno y materno, no vienen prescritas por lo corporal del sexo biológico, sino por lo relacional y contextual de las acciones; en esta forma, las acciones propias del rol pueden ser variadas e incluso diferir de las asignadas tradicionalmente por la cultura.

También debe considerarse que los integrantes de la familia tienen la capacidad de reaccionar y oponerse a esas condiciones, de acuerdo con su experiencia y conocimiento previo de situaciones similares o relacionadas con la actual.

<u>Actividad 38: Inversión de Roles Familiares.</u>

Preguntas:

¿Existe inversión de roles en tu familia?

¿Te afecta o beneficia la inversión de roles que hay en tu familia? ¿por qué?

¿Has invertido algún rol, ¿con quién? ¿por qué?

¿Cómo te sientes con el rol que asumes en la familia? ¿por qué?

12.- Creencias y Estereotipos Familiares

Como ya habíamos señalado anteriormente, lo revelador que es, analizar el sistema de creencias en la esfera familiar, pues funge como el origen del ser.

<u>Actividad 39: Creencias y comportamientos Familiares.</u>

A continuación, responderás al siguiente cuestionario, sobre las relaciones, creencias y estereotipos que permean en tu familia. Responderás con un **SI** o **NO**, adelante de la frase.

	SI	NO
En mi familia todos somos iguales		
En casa todos somos responsables		
En mi familia, no hay buena comunicación		
Hay depresión en la familia		
Algún integrante de mi familia, me ataca		
Se burlan de todos en la familia		
Existen múltiples desacuerdos familiares		
Es difícil que se solucionen los problemas en mi familia		
Siempre tenemos desacuerdos		
Es normal tener vicios en la familia		
Emborracharse no es malo		
Los integrantes de mi familia no aceptan mi parecer		
Es normal imponer sobre otros miembros familiares		
Mi pareja me prohíbe salir		
La ropa sucia se lava en casa		
La mujer cuida mejor de los hijos que el hombre		
Los niños también deben trabajar fuera de casa y aportar		
En casa si alguien no cumple hay castigos		
Son buenas un par de nalgadas		
La familia siempre debe estar unida		
El hombre siempre tiene que ser el proveedor		
La pareja debe tener espacio propio		
Las mujeres deben trabajar y aportar a la casa		
Hay violencia física antes de escucharnos en la en mi familia		
Hay agresiones verbales en todos los miembros de la familia		
Mi pareja y yo nos platicamos para conceder los permisos a mis hijos		
La mujer puede vestir como ella quiera		
Los hombres deben proteger a las mujeres		
Todos hacen lo que quieren en la familia		
Entre mas familia extensa haya, es mejor		
Los padrastros y madrastras son malos		
Se hacen gastos innecesarios en alcohol o en otras drogas		
El estudio es importante para el desarrollo de la familia		
El embarazo adolescente aumenta la pobreza		
Los anticonceptivos son malos		
Se debe dar pensión alimenticia		
En mi familia las reglas son iguales para hombres y mujeres		

En casa falta dinero para lo necesario		
Hay desinterés para los estudios de mis hijos		

Resultado: Las frases remarcadas, hablan de adecuadas actitudes y relaciones familiares. Las demás indican disfunción familiar y violencia de algún tipo.

Recuerda: Si ya detectaste patrones familiares nocivos, es momento de cambiarlos, ya que vas a formar parte de otra familia. Si ya la tienes, es menester que elimines dichas conductas que lastiman a todos los miembros de la familia.

CAPÍTULO TRES: EL AMBIENTE

El ser humano es un ser social por naturaleza, que siempre se está comunicando con su entorno y con todas las personas que le rodean. A través de la interacción familiar y social, es como aprende a conocer el mundo y asirse de un sistema de valores, creencias y actitudes. Así es como surgen diversos enfoques, para todos. Cada quién ve las cosas desde su construcción del mundo.

Brofrenbrenner, (1987) planteó el modelo ecológico, donde enmarca la interdependencia y muestra el carácter interactivo y dinámico del sistema y la persona. El ser humano está incluido en el sistema familiar que, a su vez, está contenida por la comunidad inmediata (mesosistema), a la que se vincula mediante las creencias culturales, reglas y valores en torno al ejercicio de los roles de género (macrosistema), aspectos que se inscriben en un sistema económico, político, educativo, social y de comunicación a través de los medios masivos (exosistema) que se sitúa en una época determinada (cronosistema).

Cada miembro familiar representa un subsistema que forma parte, a su vez, de otros sistemas.

Los subsistemas cumplen un objetivo primordial, ya que por medio de la organización de los subsistemas de una familia se garantiza el cumplimiento de las diversas funciones del sistema total.

Cuando una familia no cuenta con fuentes sociales, se vuelve más estricta y rígida en sus normas y creencias. Los patrones nocivos tienden a incrementarse y convertirse en conductas no adecuadas para el sistema social.

Actividad 40: Influencias sociales.

¿Qué influencias externas adquirió tu familia?
-

¿Qué aprendizaje obtuviste de tus amigos/amigas?
-

¿Qué aprendizaje tuviste de la escuela?

¿Qué aprendiste de la comunidad en la que creciste?

¿Qué aprendiste de tus empleos?

¿Qué aprendiste de tus parejas sentimentales?

¿Qué aprendiste de otra u otras personas que no pertenecen a tu familia?

¿Qué actitudes y creencias cambiaste al relacionarte fuera de tu familia?

¿Qué influencias externas adquirió tu familia?

¿Qué efectos positivos y/o negativos tuviste con respecto de tus influencias externas?

CAPÍTULO CUATRO: LA AUTOESTIMA

14.- ¿Qué es la Autoestima?

La Autoestima se puede describir como la valoración que tenemos sobre lo que pensamos de nosotros mismos, los sentimientos que nos tenemos y la forma como actuamos en sintonía con lo anterior. Es fundamental para el desarrollo pleno y la satisfacción individual y relacional.

¿Por qué es tan relevante y difícil de alcanzar una adecuada estima de nosotros mismo? Por todas las premisas y creencias que nos han dicho; además de agregarle las críticas. ¿Por qué es difícil promover su desarrollo y potenciación? ¿Por qué siendo una pieza fundamental, no existen programas educativos que busquen descubrir en nosotros las potencialidades y desarrollarlas? Pues bien, este capítulo pretende cubrir esos vacíos y darnos una visión de su importancia, así como brindar estrategias que al ser aplicadas, alcanzar el logro de sus objetivos.

Es correcto manejar una definición que nos esclarezca qué es realmente la autoestima y sobre esta base podamos desarrollar los siguientes temas respecto a sus componentes, tipos, formación, importancia, dimensiones y estrategias para desarrollarla.

También la podemos definir como: La valoración que tenemos sobre lo que pensamos de nosotros mismos, los sentimientos que nos tenemos y la forma como actuamos en sintonía con lo anterior.

El estudio y comprensión de la definición de autoestima, además de todo aquello que la involucra, permitirá tener una visión amplia de un componente valioso de nuestra personalidad. Recordemos nuevamente, nuestra forma de pensar, sentir y actuar debe estar en sintonía positiva y coherencia total si queremos lograr la mejora de nuestra autoestima.

Componentes de la Autoestima:

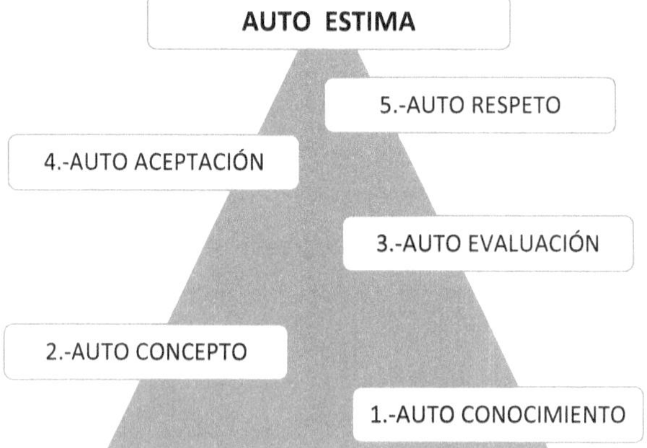

15.- El Auto Conocimiento

Llegar a conocerte te va dar la capacidad de entender que el <u>poder</u> lo tienes en tu yo interior, que tú eres responsable de tu felicidad o de tu infelicidad, en tus manos está lograr el <u>cambio</u> que necesitas para mejorar la autoestima.

Mencionamos aquí 3 pasos básicos que debes seguir para auto-conocerte:

- Aceptación: Lo primero y más importante es el aceptar que algo en tus pensamientos no está bien, que hay algo en ti que no te gusta y que quieres cambiar.
- Detección: Después tienes que mentalizar que para que te sientas mejor tendrás que hacer un cambio en tu vida, el cambio tendrá que ser poco a poco.
- Acción: Una vez que tengas los 2 puntos anteriores claros, deberás tomar acción para hacerlo.

Las actividades irán seccionadas conforme a los componentes de la auto estima, el primer componente se refiere al autoconocimiento, es por ello, que iniciaremos desde los orígenes de quien soy y que es lo que traigo consigo. Esto se refiere a los ancestros y los usos y costumbres, que, de manera inconsciente, arrastramos, para bien o para mal.

Los ejercicios sugeridos, son de suma importancia, pues recuerda que llevas muchos años contigo mismo/a y tal vez, sin conocerte; es menester que lo hagas detenidamente, porque al cabo del proceso, te darás cuenta de tu potencial y tus fortalezas, para que puedas llevar a cabo todo lo que tu desees y vivir plenamente en armonía.

Actividad 41: Mis Pertenencias.

Busca en tus recuerdos, el objeto más viejo que tengas y que te pertenezca; puede ser un juguete, un libro, ropa, etc. Quiero que lo coloques en tus manos, lo veas detenidamente, evoques el momento en que por primera vez fue tuyo, que sientas las emociones que te generan estar frente a ese objeto actualmente y responde lo siguiente:

¿Por qué lo guardaste?

¿Quién te lo dio y que representa para ti?

¿Qué emociones tuviste?

¿Qué te recordó ese objeto?

Lleva a cabo ejercicios de respiración, al terminar este ejercicio.

Nota: Recuerda que para cada ejercicio que lleves a cabo, es preciso leer con tono de voz normal y platicarlo, como si lo dijeras a alguien más. Puedes responderte lo anterior, frente al espejo.

<u>Actividad 42: Álbum personal</u>

Busca fotografías tuyas y de tus figuras más significativas, de distintas etapas de tu vida. Elige de igual manera las que representen algo para ti. Posteriormente colócalas sobre una mesa, en orden cronológica, míralas detenidamente y contesta lo siguiente:

¿Por qué elegiste esas fotos tuyas?

____

¿Por qué elegiste esas fotos de esa o esas personas y que significan para ti?

____

¿Qué estaban haciendo en esos momentos?

____

¿En cuál de estas etapas de tu vida te sentiste mejor? ¿Por qué?

____

¿En cuál te sentiste peor? ¿Por qué?

____

¿Qué te habría gustado que hubiese sido distinto para ti y para los demás?

____

Lleva a cabo ejercicios de respiración, al terminar este proceso.

16.- El Auto Concepto.

Es el conjunto de ideas y creencias que tenemos acerca de nosotros mismos. Ese sistema de pensamientos y creencias, que nos vamos atribuyendo a lo largo de nuestra vida. Influye mucho el primer grupo social que tenemos que es la familia, pues de ella se desprenden muchas veces las creencias, usos y costumbres que nos acompañan a lo largo de nuestra vida. Por ello fue fundamental que llevaras a cabo la exploración de tus orígenes, porque te ayudarán a descubrir el origen de tus pensamientos de ti mismo/a y de los demás.

Este componente junto con todos lo demás es vital, puesto que en el momento que creas pensamientos e ideas sobre ti mismo/a, mandas de manera inconsciente mensaje a los demás sobre lo que piensas y crees, de manera que, ellos codifican y te regresan quién eres.

Ejemplo de dos testimonios contrarios:

"Cuando era niña, mi madre me dijo que todos los hombres son iguales y que tuviera cuidado, porque siempre traicionan y son malos, por lo que a lo largo de mi vida, estuve con la desconfianza hacia todas mis parejas........cuando no estaban junto a mí, pensaba que estaban con otras mujeres y que solamente se burlaban de mí, así que, la mayoría de mis noviazgos, los he vivido con desconfianza inseguridad e incertidumbre, por lo que casi siempre concluyo con la relación, antes de descubrirles -su traición-"(Elena. 29 años).

"Mis padres me dijeron que era válido cambiar de opinión, ante determinadas acciones que llevamos a cabo en la vida, que buscara mis habilidades. Ellos me apoyaron cuando quise practicar futbol, no resultó lo que esperaba, pues no me gustaba tanto jugarlo. Tiempo después entrené natación y tiempo después me salí, porque no aguantaba la resequedad en mi cuerpo, además de que me enfermaba muy seguido de la garganta y tampoco me gustó; posteriormente entré a clases de pintura y eso fue lo que amé. A veces no es lo que esperamos o simplemente no contamos las aptitudes para determinados deportes, o artes, pero ello no quiere decir que vamos a ser nefastos en todas las áreas de lo que aprendamos, para nuestro desarrollo personal....todos tenemos habilidades y destrezas diferentes y lo que debemos hacer, es buscar para lo que somos buenos. " (Mario Alberto 28 años).

Este puede ser un claro ejemplo de que una frase, puede marcar muchos ámbitos y sectores en nuestra vida y algo muy importante: El cómo percibimos, nos comunicamos y conducimos con los demás. Elena sentirá desconfianza hacia la mayoría de los hombres, hasta que modifique su sistema de creencias.

Por el contrario, Mario Alberto, seguramente tiene opiniones positivas hacia las demás personas, pues se percibe como una persona positiva.

La historia es de quien la escribe y por ende, se habla sobre las experiencias vividas. Es normal que cada ser humano, exponga sus vivencias y las vierta como realidad en la sociedad.

Al crecer, en medio de esas ideas, es "regla de oro", asumirlas y más cuando provienen de figuras que se consideran de amor, protección y seguridad. No obstante, pueden ser ideas erradas y desplazar las situaciones vividas por parte de los ancestros, para que se vuelva verídico. Es decir, se colocan en situaciones parecidas, para que ocurra lo que se predijo. A esto se le llama profecía auto cumplida.

Pero recordemos, que tenemos libre albedrio sobre nuestros pensamientos, sentimientos y conductas, lo que se necesita, solamente identificar lo que se trae consigo, si ayuda o perjudica para tu crecimiento y desarrollo personal.

Ahora escribe por cuanto tiempo, has pensado, sentido y actuado así.

Actividad 43: Mis pensamientos sobre mí mismo/misma

Enlista ahora las frases y palabras que ayudaron a fabricar un pensamiento, seguido a una emoción y una conducta, tanto los que consideres positivos, como negativos.

Pensamiento que influyo en mi vida.	Tiempo que ha perdurado	Emociones que se generan	Conducta que genera

Actividad 44: La relación de mis acciones con mis emociones.

Ahora, elabora una lista de conductas que te generen emociones placenteras (alegría, amor, felicidad, paz, tranquilidad, armonía, comprensión, etc.) y otra de conductas inconscientes que te generan emociones displacenteras (tristeza, enojo, miedo, vergüenza, culpa, resentimientos, frustración, soledad, angustia, ansiedad, etc.)

Conducta o Acción	Emoción Placentera	Emoción Displacentera

<u>Actividad 45: Las frases de mi, para mí.</u>

Haz una lista de las frases o palabras que te dices, cuando te salen bien las cosas y cuando te salen mal. Ejemplo: Si cuando cosechas logros o tienes derrotas: Te sientes orgulloso/a de ti, aún así te reprochas, o te dices frases ambivalentes.

Cuando algo me sale bien, Me digo:	Cuando algo me sale mal, me digo:

NOTA: Ello es indispensable identificar, ya que a partir de este análisis, vas a comenzar a responsabilizarte sobre tus propios pensamientos, ideas y creencias, sobre ti y sobre los demás.

Que pienso de mi, cuando:

Me sale mal algo

Me sale bien algo

<u>Actividad 45: Las frases de mi, para mí.</u>

En esta actividad te voy a pedir que cuentes las veces que por día te reprochas algo y de igual manera, las veces que te congratulas por lo bien que hiciste tal o cual cosa.

Al momento de escribirlas, ve hacia un espejo y repite tanto las frases negativas, como positivas. Contesta las siguientes preguntas:

¿Cuántas frases o palabras negativas te dijiste frente al espejo?

____

¿Cuántas frases o palabras positivas te dijiste frente al espejo?

____

¿Evocaste a alguna persona de tu vida, cuando te estabas diciendo las palabras

____

¿Cuántas personas que consideraste negativas en tu vida te salieron?

____

¿Cuántas personas que consideraste positivas en tu vida te salieron?

____

¿Cuántas personas que consideraste ambivalentes en tu vida te salieron?

____

¿Qué emociones te generan en aquel tiempo?

____

¿Qué emociones te generan en la actualidad?

____

¿Qué te hubiera gustado que fuera diferente?

____

Recuerda: Debes hablar con tono de voz normal, no lo respondas en el pensamiento, pues tienes que sacar la emoción a través del lenguaje verbal y no verbal. Si es necesario, mover tu cuerpo y llevar a cabo algún tipo de ejercicio, te ayudarán mucho. De igual forma que hagas tus ejercicios de respiración en cada actividad realizada.

Ahora que ya sabes en qué consiste el auto concepto quiero por favor que a partir de ahora en adelante tengas pensamientos más positivos sobre ti mismo/misma o sobre los demás esto te ayudará a reconocer tus cualidades y habilidades así como las fortalezas y cualidades de los demás.

- Lo primero y más importante para comenzar es que tengas en cuenta que tú eres responsable de tus pensamientos.
- Trata de ser más flexible y no te critiques tan duramente.
- Cuando pienses en ti, no lo hagas negativamente
- No te dejes llevar por las malas experiencias pasadas cuando intentes o quieras hacer un proyecto.
- Recuerda que ninguno de nosotros es perfecto

CAPÍTULO CINCO: TÉCNICAS DE RELAJACIÓN

A continuación, te presentamos algunos tipos de técnicas de relajación:

- **Respiración.** En esta técnica de relajación, vas a aprender a modular tu respiración. Inhala por la nariz; detienes el aire en tu abdomen, posteriormente lo subes a tus pulmones por cinco segundo y finalmente, lo exhalas por la boca, poco a poco y lentamente. Hazlo por varias veces hasta que aprendas la técnica y te sientas mejor.
- **Relajación autógena.** En esta técnica de relajación, usas tanto las imágenes visuales como la conciencia corporal para reducir el estrés.Repites palabras o recomendaciones en tu mente que te pueden ayudar a relajarte y a reducir la tensión muscular. Concéntrate en el ¡aquí y ahora!.
- **Relajación muscular progresiva.** En esta técnica de relajación, te concentras en tensar lentamente cada musculo de tu cuerpo, por alrededor de cinco segundos y relajarlo posteriormente. Comienza con el lugar que tengas más tenso, en la medida que te vas diciendo frases hermosas. Ejemplo: Soy buena persona, elimino mis pensamientos negativos hacia mi y hacia otros.
- **Visualización.** En esta técnica de relajación, puedes formar imágenes mentales para hacer un recorrido visual hacia un lugar o una situación pacífica y tranquila.

  Para relajarte con la visualización, intenta incorporar tantos sentidos como puedas, como el olfato, la vista, el oído y el tacto. Por ejemplo: imagina que estás en el bosque, huele la hierba, el olor de la tierra mojada; o que estás recostado/a frente al mar, escuchando y deleitando tus sentidos.
- **Bailar.** Si eres de las personas que te gusta bailar, invita a alguien que quiera ayudarte a relajar bailando. NO importa si no sabes, la música junto con el movimiento

corporal, hacen una labor extraordinaria que sacan fácilmente la noradrenalina y cortisol, los químicos generadores del estrés.

- **Cantar.** Canta una canción que no te evoque ningún recuerdo negativo y que tenga fuerza en la garganta, entre más rítmica, mejor. Así las emociones contenidas en el cuerpo, saldrán fácilmente. ¡Enhorabuena!

- **Practicar tu deporte favorito.** Después de llevar a cabo tu sesión psicológica con tu cuadernillo, sal a practicar tu deporte favorito. Si lo haces en un lugar verde, es mejor. Se relajan todos tus sentidos.

- **Hablar de lo que aprendiste.** Busca a una figura de apoyo con la que puedas contar sobre tu proceso terapéutico y háblale de lo que estás aprendiendo y como te estás sintiendo.

- **Escribir.** Esta técnica ayuda, pues el escribir lo que te sucede, le manda mensajes a tu cerebro, reafirmándolos, por lo que te sugiero que, si escribes cosas desalentadoras, posteriormente concluye con situaciones alentadoras, para que ello lo registre tu cerebro. Te recomiendo leerlo con tono de voz normal, después de escribir.

- **Dibujar.** Con cualquier tipo de material, el expresar los sentimientos y pensamientos internos, a través de la pintura, conlleva a una paz en general, además de que desarrollas tus habilidades.

- **Meditación.** Meditar es reflexionar. Con la meditación buscamos obtener una relajación profunda. Esta técnica ha sido practicada por muchas religiones: budistas, hinduistas, cristianos (eremitas); ya era conocida y practicada antes de Cristo. Las distintas técnicas de meditación se basan en focalizar o concentrarse en frases, movimientos rítmicos e imágenes, así podemos hablar de:

    a. Repetición de un mantra o frase, que se repite continua y mentalmente con gran concentración. b. Concentración en un objeto, imagen, como por ejemplo el movimiento de las olas, el movimiento de las nubes o del fuego. c. Movimiento continuado rítmico y relajado con gran concentración, como movimientos giratorios del cuello, movimientos respiratorios, etc.

Es recomendable cerrar los ojos, buscar un lugar tranquilo, sentirte cómodo/cómoda y concentrarte en la respiración.

Otras técnicas de relajación pueden ser las siguientes:

- Yoga

- Biorretro alimentación

- Musicoterapia o terapia de arte

- Aromaterapia

- Hidroterapia

- Etc.

Las técnicas de relajación requieren práctica

A medida que aprendes técnicas de relajación, puedes comenzar a tomar más conciencia sobre la tensión muscular y otras sensaciones físicas del estrés. Una vez que sepas cómo se siente la respuesta al estrés, puedes hacer un esfuerzo consciente para implementar una técnica de relajación en el momento en el que comienzas a sentir síntomas que perjudican tu cuerpo.

Si ya probaste todas las técnicas y las llevaste al seguimiento de las instrucciones y ninguna te funciona, acude a tu médico, para ver otras opciones.

Recuerda que las técnicas de relajación son habilidades. Al igual que sucede con cualquier habilidad, tu capacidad para relajarte mejorará con la práctica. Sé paciente contigo mismo/misma, para aprender nuevos hábitos, tanto en tu pensamiento, como en tu cuerpo y corazón.

Si ya estás leyendo esto, es porque ya concluiste de manera exitosa, tus trabajos. Tal vez te sientas más confundido/confundida que cuando comenzaste; es normal, ya que apenas es la primera parte del proceso. No desfallezcas y continua con tu trabajo interno.

¡¡¡FELICIDADES POR CONCLUIR TUS ACTIVIDADES!!!!!

NOS VEMOS EN EL CUADERNILLO DE TRABAJO PARTE DOS.

Teléfonos de ayuda psicológica las 24 horas del dia.

Saptel: 55 52598121

Locatel: 55 56 58 11 11

Centro de Bienestar Psicologico:

Tel: 55 30 19 00 89

¡NO ESTÁS SOLO!

¡NO ESTÁS SOLA!

PIDE AYUDA.

www.ingramcontent.com/pod-product-compliance
Lightning Source LLC
Chambersburg PA
CBHW031213160726
47992CB00006B/2712